6大思維，讓焦慮世代
找回能量、平靜與自由

# 重啟主權人生

史丹佛大學心理學博士
艾瑪・賽佩拉
EMMA SEPPÄLÄ, PH.D 著 鄭焕昇 譯

# SOVEREIGN

RECLAIM YOUR FREEDOM, ENERGY, AND POWER IN A TIME OF DISTRACTION, UNCERTAINTY, AND CHAOS

獻給人類的
一封情書，
願你將主權牢牢握住。

# 目錄

推薦序　焦慮世代的救星　愛瑞克　13

第一章　成為你自己，因為這是你的人生

做自己的主人　18

無形的牢籠，讓世代受困　23

找回人生的自主權　25

【寫出你的詩歌】這一生所為何來？　29

第二章　成為自我的主人

「討厭自己」這種病　33

擁有歸屬感，比做自己更重要？　39

找愛之前，先找回自己 47

自我權限升級

自我疼惜，溫柔地和自己在一起 52
聆聽自己，覺察真實需求 55
擺脫羞愧，犯錯不會讓你變成錯誤 59
找自己，做自己，愛自己 63

主導自我的行動計畫

一、拿回生活的主導權 69
二、停止自我厭惡 73
三、展現你的魔力 75
【寫出你的詩歌】**這世界唯一的「應該」，是你應該照顧好自己的需求** 78

第三章 **成為情緒的主人**

我與冥想有個約會 82

不要被情緒控制人生，要控制情緒去掌握人生 84
破解情緒迷思 86
因為經歷過黑暗，所以決定成為光 93

情緒權限升級

放手讓情緒流動 95
「你」比「你的情緒」更強大 98
痛苦教會我們的事：如何在絕望中找到力量 101
呼吸對了，大腦就放鬆了 105
學習自我覺察，誠實面對心魔 109
用創意展現真誠的情緒 112
善用運動與接地的技巧 115

主導情緒的行動計畫

一、滿足自身的基本需求 118
二、療癒，從感受情緒開始 119

三、健康地轉移負面情緒 120
四、換個角度想，EQ會更好 122
五、不自欺，對自己誠實 122
六、練習表達情緒 123
【寫出你的詩歌】拼湊內在碎片，重新成為完整的人 124

## 第四章 成為心智的主人

刻在心底的負面思維 128
烙印，是看不到光的心靈黑洞 133
一場車禍，改變我的人生價值觀 146
心智權限升級
清除內在印記 148
篩選進駐內心的事物 159
心靈越富足，心智越成熟 167

主導心智的行動計畫
一、觀察與分辨 172
二、辨識你的烙印 173
三、我的早晨與夜晚，由我作主 174
四、讓呼吸穩定你 175
五、有意識地釋放每天的烙印 175
六、為媒體設立界限 176
七、培養智慧 176
八、反思：找到自己，看見自己 177
九、靜坐冥想 178
【寫出你的詩歌】值得記住的好事 179

第五章 成為人際關係的主人
正向關係能量的科學 182

正能量者的六大特質 188
三種類型的賦能者 191
人際關係的絆腳石 196
人際關係權限升級
「付出」讓人健康又快樂 206
善待自己，自我疼惜 207
有界限，才有自由 209
寬恕別人，就是放過自己 214
主導人際關係的行動計畫
一、將人際關係視為自我療癒的良機 219
二、療癒關係中的不安全感 220
三、為自己加滿油，充飽電 221
四、練習設定界限 222
五、慈悲是善意溝通的智慧 223
【寫出你的詩歌】你如何看待自己？ 224

## 第六章　成為直覺的主人


強烈而堅定的內在指引　228
相信直覺就不夠理性？　232
走在科學之路上的直覺研究　235

直覺權限升級

打開內在藍芽，連接最高智慧與能量　238
直覺是自動化的心智活動　242
相信「直覺」，它比你想得更強大　248
待開發的直覺天賦——遙視與透視　254
答案就在你心裡　258

主導直覺的行動計畫

一、讓反省能力派上用場　263
二、徵詢你的直覺感受　264

三、讓自己靜下來感受 265
四、安排「留白」的時間 266
五、為沉思創造機會 267
【寫出你的詩歌】傾聽你的直覺 268

## 第七章 成為身體的主人

健康不是第一，而是唯一 270
我們生活在有毒的世界裡 274

身體權限升級

「植物優先」的飲食方式 287
排毒，從選擇開始 291
自然療法——用天然的方式打開自癒力 294
和大自然來場親密接觸 298
你的身體，就是你的家 301

## 主導身體的行動計畫


一、做身體最好的朋友 304
二、別讓壓力主宰你 305
三、定期檢查能量狀態 306
四、生活也需要排毒 306
五、多吃植物性食物 307
六、親近大自然 308
【寫出你的詩歌】**順應大自然的節奏** 309

結語 313
【寫出你的詩歌】**莫忘你與生俱來的王者之姿** 317

作者、譯者簡介 319

推薦序

# 焦慮世代的救星

《內在原力》系列作者、TMBA共同創辦人 **愛瑞克**

我非常認同此書的核心觀點：「人的精神有自己的主權。」每個人與生俱來都有一股內在的力量，我稱之為「內在原力」，但可惜許多人受困於現實的壓力，無法發揮。我們都需要找回內在的主權，才能發揮出與生俱來的內在原力。主權就是可以帶領我們脫困的那條路徑──無論外界如何喧囂與混亂，我們都有辦法保持內心的穩定與根基。

我們內心有許多聲音會損害自己的主權，例如，「我不夠好」這樣的自我否定思維。作者具體提出戰勝它的方法：透過提出質疑，開始拆解那些控制你生活的破壞性習慣與制約──為了我們的孩子或所愛的人──我們必須這麼做，才能終止破壞性的負面循環。

此外，現代人受到許多外在因素干擾，逐漸喪失了這些天賦的主權，而作者具體指出，每個人都有創造「主權在我」的條件——透過留給自己一些時間、傾聽自己、靜坐冥想……等等。

人們最大的敵人是自己，尤其是失控的情緒。本書提供了具體的方法來戰勝它——這也是書中最令我喜愛的篇章。作者以她個人親身的經歷作為解析，讓讀者可以一步步看到自己的情緒如何冒出來、如何換個角度看待它，又該如何透過呼吸法自我覺察，有創意地表達情緒，進而駕馭它。

以全書架構來看，第一章是總論，其他六章分別指導我們成為自我的主人、情緒的主人、心智的主人、人際關係的主人、直覺的主人、身體的主人——每一章看似探討不同面向，但卻環環相扣——都有助於我們人生真正的幸福快樂與圓滿。

我認為，無論是人生已經陷入低潮或困境的人，這本書都是很好的實作手冊，能幫助你扭轉負向循環、重拾主權；面對工作或人際關係壓力的人，此書也一定可以舒緩你的壓力和情緒；如果您的孩子已經進入青春期，此書也很適合讓孩子自行閱讀，越早讓他們掌握自己，將來越能免於許多不必要的困擾或衝突。

一個人內在力量的大小，差異可以是好幾個量級；內在主權越強的人，不僅可以安度一切苦厄，更可以用他們的力量來幫助許多人。此書是具體可行、實用到位的教戰手冊，也是焦慮世代的救星！

第一章

# 成為你自己，因為這是你的人生

主權是內在的自由，也是你與自己建立的關係，這種關係深刻而充滿生命力，能賦予你能量，解鎖你最大的潛能。沒錯，就是你與生俱來的那些潛能。

相信我，你一定感受過它。你必然曾感受到深藏在你腹部深處那團「主權之火」，不時在你生命中的某些時刻被點燃。

這股內在的火焰，會幫助你從谷底重新站起來，陪伴你走過最黑暗的深夜。它也是你為反抗做出的怒吼，那是一種宣示——它在昭告天下，你正不畏萬難地為了活出真我的權利而努力奮戰。你能勇於面對種種困境與挑戰存活至今，靠的就是這把火。

## 做自己的主人

不論你是什麼樣的種族、國籍、宗教信仰、性別，或是社會地位，每個人的內心其實都是一樣的：我們與生俱來就擁有主權，也都渴望能充分活出真我。

主權能讓我們重新找回潛藏於內在的無限可能，只要我們不畫地自限。

## 瑪雅的故事

以瑪雅為例，她出生於印第安納州鄉下一個飽受酒癮與毒癮所苦的工人階級家庭。她兒時的家就只是一輛拖車，受虐更是家常便飯。她人生第一次感到自豪，是她加入印第安納州國民警衛隊[1]時。她認同為國效命、貢獻己力，以及同袍情誼的價值觀，並開始感受到希望。

然而，這一切在她被派遣到伊拉克後就變了。

在伊拉克，她白天得參與作戰行動——戰爭會牽扯到各種狗屁倒灶的事情，她都逃不掉——到了晚上，她遭到來自印第安納州同鄉的指揮官性侵，而且還用槍脅迫她讓其他同袍猥褻。她不敢說出真相，因為這個禽獸長官警告她要是多嘴，就會再也見不到她留在美國的孩子。當時的她年僅二十二歲，在現代社會中忍受著昔時的奴隸之苦。

---

1 National Guard，又稱國民兵，是美國各州的武裝力量。

我會認識瑪雅，是因為她參加了我與同事共同進行的一項研究，而她讓我留下永生難忘的印象。讓我震撼的是，儘管經歷了這可怕的一切，她依然擁有主權。她說我與同事的「研究干預」（這是一種我會在第四章討論的呼吸法）改善了她的創傷後壓力症候群，否則她很有可能會開始酗酒。但如今她眼神閃耀的，是在她血管裡燃燒的熾熱火焰：主權。

雖然命運如此坎坷，她仍決心要成為兒子的好媽媽——這個自閉症孩子需要額外的照顧與關愛，她完全沒有少給。同時，她在社區中也是親切溫暖的領導者。後來，她克服重重難關，成為美國頂尖科技公司的高階主管，表現極其優異。

## 納斯林的故事

另一個例子是納斯林・席克（Nasreen Sheikh）。上世紀九〇年代初期生於印度的貧窮階級，連戶口也沒得報的她，被迫於年僅十歲的稚齡時，就得在加德滿都的血汗工廠裡成為受虐的童工。但在十六歲時，納斯林克服重重難關，成為全球知名的人權鬥士和成功的社會企業家，幫助其他遭受過同樣苦難的女性。

像瑪雅和納斯林這樣曾在地獄走一遭，卻仍能走出一片天的傑出人物，用她們的存在為我們示範了什麼叫「不要為失敗找藉口」——須知英雄（雌）本無種。無論經歷過何種磨難，我們都擁有驚人的潛力。

## 歷史中的主權故事

歷史上也不乏關於主權在己的例子。

例如希臘哲學家第歐根尼（Diogenes），他被海盜俘虜後，在熙來攘往的市場裡被當成奴隸販售，但他依然保持了自主與尊嚴。他指著某人喊道：「把我賣給那個人，他需要一位主人。」

有位佛教僧侶，即使不斷被打趴在地，還是一再重回到打坐姿勢，直到欺負他的那群人都跪在他腳邊，不可置信地驚嘆並心悅誠服。

哲學家丹達米斯（Dandamis）是亞歷山大大帝時代著名的瑜伽大師，當被威脅想活命就得去覲見大帝時，仍處變不驚地宣稱他無懼死亡。

聖女貞德這名十七歲又不識字的貧農少女，既沒有地位，也未受過教育，卻成功讓一支頹廢又難以管束的法軍重新激起鬥志，使他們成為所向披靡的勝利者。

還有南卡羅萊納那些來自非洲的奴隸，在一七三九年的史陶諾動亂（Stono Rebellion）後，被沒收了樂器，但他們還是繼續唱歌、跳舞，用手跟腳作為慶祝的工具，因此創造了踏步舞與踢踏舞。

## 自由，就是唱出屬於你的歌

上述以及其他許多例證，都喚醒潛藏於我們內心深處的遙遠記憶：人類的精神力量是不容小覷的。

就算你能用鐐銬禁錮一個人的身體，拿走他們的樂器，但你永遠無法奪去他們靈魂裡的旋律。你無法束縛人的精神，因為它有自己的主權，是不可征服的。

主權就是你的專屬歌曲。對此，「古儒吉大師」詩麗．詩麗．若威．香卡[2]曾有言如下：

> 你的內心深處有一首歌。你生來就是要高唱，你活著就是在準備引吭。

你在台上手握麥克風，但你忘卻了開口，你保持沉默。你會在那股沉默中感到焦躁，除非你能唱出那首你生來就該唱的歌曲。

無須擔心你可能有時會走音。唱吧！唱就對了！

我把這本書獻給你，希望你能唱出自己的歌曲。這就是我向你發出的強力邀約。你就是為此而生。你可以主宰自己的命運，並且擁有任何人都無法奪走的自由。

## 無形的牢籠，讓世代受困

然而，在我們的日常，卻往往感受不到自主與自由。相反地，我們更常處於「受困的狀態」：因為生活經歷、恐懼與創傷，我們在不知不覺中與自己脫節。我們每天都在應對分心、不確定性和混亂。我們很容易陷入恐懼之中，也容易受到外界力量的

---

2 Gurudev Sri Sri Ravi Shankar，印度瑜伽大師和精神領袖，在二十世紀七〇年代以生活藝術基金會（簡稱AOLF）之創始人享譽世界。

影響。

這世界面臨的各種危機——從疫情到毫無意義的戰爭，再到自然災害——已經明顯加劇了人類的心理問題，讓我們在委靡不振的狀態中越陷越深。在創新科技的推波助瀾，以及利慾薰心、且不惜分化社會之企業的渲染下，各式各樣的新聞報導、媒體內容、網路訊息的疲勞轟炸，成了讓問題惡化的幫兇。

研究顯示，在各行各業，都有超過百分之五十的人處於燃燒殆盡，也就是過勞的狀態，這群人對生活意興闌珊（蓋洛普民調顯示這群人的敬業度甚低，僅百分之三十四）、不堪重負，且情緒低落。他們總覺得生命中好像缺少了什麼，失去了什麼，又好像有什麼地方不太對勁，卻又無法準確說出那些東西究竟是什麼。

新冠疫情期間的封城，是許多人頭一回明確體驗到「受困」的滋味：我們完全失去掌控力、自主性和（一部分的）人身自由。

雖然那段時間已經過去，但其實我們早已在束縛狀態中生活許久。那是一種無形的牢籠，既古老又普遍，以至於我們根本無法察覺正活在禁錮之中。

幾乎每個人都被某些東西束縛著，因為這已經是常態，是社會制約，是我們學習過、被內化，且世代相傳的東西。它根深柢固地進駐我們的內心，讓我們受限於具有破壞性的信念、習慣、模式、觀念、關係、癮頭與誤解。這就是為什麼許多人感覺「人生不應只是如此」，也是我們感到極度空虛，飽受焦慮、憂鬱、成癮、恐懼、倦怠、不快樂所苦的原因。

以社會所推崇的成功標準為例，所謂的人生勝利組大抵是這個形象：體格強健，財力雄厚，名利雙收，兼具美貌與膽識。但如果深入探究，你會發現這樣的成功往往都伴隨著痛苦、膚淺或自我毀滅。本書接下來的章節將探討這些現象。

## 找回人生的自主權

重拾主權之路始於意識到哪些是束縛我們的枷鎖，然後學會如何掙脫。

無論世界如何動盪不安，外界如何喧囂混亂，我們都有辦法保持內心的穩定與平靜，主權就是可以帶我們脫困的那條路徑。若說有哪個時刻讓我們如此迫切需要內在的力量、從容，那就是現在了。所以，就有了這本書。

我開始撰寫本書，是在新冠疫情爆發後不久。雖然那是一段令人難過的時期，但從疫情及其引發的衝突、混亂與分裂中，出現了一種強烈的轉變——透過面對死亡的現實，喚醒我們對生命價值的認知，更讓我們意識到究竟想如何生活：沒錯，就是要活出自己想要的樣子。

## 你是獨一無二的存在

我的上一本著作——《你快樂，所以你成功》是透過科學的力量，讓讀者擺脫過時且有害的成功理論，繼而追尋真正的快樂。在這樣的基礎上，本書則更進一步，盡可能以實用的方式書寫，並融入我生活中的小故事，再搭配出自友人、科研、個案，乃至於在創作過程中浮現腦海的詩歌，寫成以下各個篇章，而這也是我對各位發出的邀請函：我想邀請大家，找回自己的內在主導權。

就像你的指紋是獨一無二的，你的存在也是生命的獨特表現，你帶著與生俱來的天賦來到這個世界，而主權能讓你得以展現這些天賦。

同時，自主的精神具有強大的感染力。曾參與我研究的一位美國陸戰隊退伍軍人告訴我，在嚴峻的挑戰中，成功者往往不是年輕力壯的陸戰隊員，反倒是那些最瘦小、最年長，甚至看起來最羸弱的人，會出乎意料地有傑出的表現。他們得以出類拔萃，靠的就是無法被擊垮的內在力量，繼而成為領導者。他們的成功也能激勵其他人變得更強大，讓他人自主性的光芒更耀眼。

## 逐步重拾自由與力量

這本書是一本手冊，是一張路線圖，也是一份宣言。你可以透過它有系統性地掌握生活中有哪些你失去掌控權的領域，並以具體的方式重新奪回。

本書希望你能從不同層面的壓迫（不管是有意還是無意加諸於自身）中解放自己，包括：你的自我（第二章）、你的情緒（第三章）、你的心智（第四章）、你的人際關係（第五章）、你的直覺（第六章），以及你的身體（第七章）。每章都會先描述我們是如何束縛自己，耗盡精力，接著再探討如何收復主權，活出自己的人生。

在每一章，我會總結在該領域獲得掌控權的種種益處，還會提供「行動計畫」，告訴你如何實踐該章的理念。最後，我還會分享在寫作過程時靈感乍現的詩句，期盼能與你產生共鳴。

當你閱讀本書，你的生活至少有三個領域會達到全新的層級：

- 你在日常經歷、選擇與互動中，會擁有更敏銳的覺察力與判斷力。
- 你的能量會讓你活得更積極上進，而非更內耗。
- 你會充滿勇氣、力量與膽識。

閱讀本書時，偶爾你會遇到一些挑戰，因為它會喚醒你無意識處於制約、限制性信念以及慣性模式的認知。但同時它也會拓展你的視野，讓你看見如何以最充實的方式生活。

之前搶先讀到本書書稿的讀者表示，這本書就像一把鑰匙，為他們解鎖了許多事情。書中章節的設計，是以充滿愛的方式，能幫助你解除內心具有破壞性的那些設定，讓你活得更自由、快樂，也更加忠於自己。

我想邀請你前往一座充滿自由與真誠、具有願景與創新，能夠發揮潛力與完成自我實現的遊樂場。這本書將幫助你鍛鍊上述的特質，並以愉悅又實用的方式，將之帶進你的意識裡。希望你能進入充滿無限可能的美麗世界，在那裡，當你開始活出屬於你的自由與光芒時，那片原本就深藏你內心的美景將會呈現在眼前。

【寫出你的詩歌】

這一生所為何來？

你來到這世上，
不是為了謹小慎微，隱藏自己，隱身牆後。
你到這世上，
不是為了黯淡無光，瑟縮發抖，縮成一團。

你到這世上，
是為了點燃內心之火，

讓火光可以溫暖並照亮他人的內心，
讓它焚燒腐朽的舊信念，
照亮通往遠大真理的道路，
讓它把發霉有毒的陳規燃成灰燼，
為新生命的萌芽騰出空間。

# 第二章

# 成為自我的主人

有個星期六，我預定要在一場線上會議擔任開場講者。但我鮮少在週六工作，所以那天我想都沒想，就帶著小孩出門，到離家四十五分鐘的一個公園。

就在孩子們往湖裡扔石頭玩時，我收到一條簡訊：「妳無法登入嗎？」我這才猛然想起——專題演講！我完全忘得一乾二淨。這是我們籌備了半年多的活動，結果我在最後一刻讓夥伴們失望了。

我羞愧至極，無地自容，整個人蜷縮起來，感覺自己就像穿了一件上面大大寫著「丟臉」二字的衣服。

你知道什麼叫「史詩級的失敗」嗎？你知道什麼叫「想挖個地洞鑽進去嗎」？你知道什麼叫「徹底搞砸」嗎？現在，花點時間回想最近一次令你尷尬的失誤或窘境，還有在事發當下你對自己是怎麼說的。我給你五秒鐘。

我曾拿這個問題問過數千名學生與企業管理階層，他們的回答多半是：

你怎麼會這麼白癡。

你還真是蠢。

你根本沒資格在這裡。

你到底在想什麼？

你老是這樣！

你真是一團糟。

把這些傷人的話再讀一遍，記住它們給你的感受。這些正是人類用來自我折磨的惡毒語言。

本章要探討的，是我們如何與自己相處。我們與自己的關係可以束縛住我們，也可以帶領我們走向「自主的自我」。

## 「討厭自己」這種病

我在耶魯大學管理學院的高階主管課程從事教學工作，每年指導數以百計的企業高管。我發現阻擋這些管理階層在發展之路上的最大障礙，往往就是他們與自己的關係。

某天，一位在《財富》世界500強（Fortune Global 500）企業任職的中年女性領導者，在課後跟我說：「我在領導能力上是個可以拿A的主管，但在教養孩子上卻是只能拿D的媽媽。」她的傷心也讓我心碎。

「我不夠好」這句話，已經成為大部分人大腦中的「病毒程式」。百分之八十的千禧世代都認同「我不夠好」這句話適用於自己生活中的各個方面。百分之八十耶！比起好事，我們的大腦更容易看到壞事，這就是知名的「負面偏誤」（negativity bias），而這也解釋了何以在績效評估或任何類型的評論中，九個人喊讚也抵不過一個人的批判。我們無法欣然接受那九個人的肯定，因為我們會把全副精力用在思考投反對票的那個人到底哪裡不滿意，繼而讓情緒跌到谷底。

## 「自我厭惡」是跟自己的有毒關係

我們常聽到「有毒關係」這個詞，卻沒有意識到，許多人跟自己的關係也有毒，而這也是我們被束縛，困在死結裡無法掙脫的原因。

這種與自己敵對的關係，會掏空你、拖垮你、限制你發揮最大的潛能，也是所謂的自我厭惡。你可能認為：「我才沒有討厭自己呢！」但換個角度想想：你是否總覺得自己不夠好，對自己太過苛責呢？從心理學的觀點，自我批判就是自我厭惡的表現。

讀到這裡你可能會想：且慢，適度的自我批判難道不是滿健康的事情嗎？人不就是要懂得反躬自省才能有所進步嗎？難道我們不該對自己嚴格一點，以免在競爭中落後，或是無法全力以赴嗎？

在這裡，我們必須學著區分什麼是自我批判，什麼又是自我覺察。

- **自我批判**：針對失誤與缺點感到自責。它會譴責你未達標，讓你羞愧難當，極具傷害性。
- **自我覺察**：只是單純意識到自己需要改進之處，但既不批判也不自責，不會引發罪惡感、羞愧或不安全感等負面情緒。

比方說，我的統計學知識還不夠好。如果是自我批判，那我就會（在腦海中）狠狠打自己一頓屁股。但如果是自我覺察，那我就會承認自己的確需要更多專業知識，並邀請統計學家參加我的研究團隊——而這也確實是我採取的做法。

## 習慣性自責，就是內心住著恐怖份子

我們總是如此嚴苛地對待自己，而身邊也一堆嚴以待己的人，這是不是很有趣？換句話說，每個人都在自我虐待。

自我厭惡是一種傳播廣泛的病毒——我會稱它為「病毒」，是因為：一、它很常見；二、它具有傳染性，會在家庭與社會之間傳播；三、它具有強大的破壞力。研究也顯示，自我批判是焦慮、憂鬱與飲食失調等症狀的「維護因子」（maintenance factor）。

想像現在有個恐怖份子，手持武器走進房間威脅你。你的交感神經系統——即「戰或逃或僵住」的模式——會被啟動，伴隨而來的是恐懼、焦慮、心跳加速、血壓升高和恐慌。

自我的批判就像恐怖份子，只不過這個恐怖份子住在你心裡，折磨著你。在讓你心跳加速與各種交感神經活動亢奮的同時，逐漸耗損你的身心健康。

打敗我們的往往不是挫折，而是苛刻的自責。抵在你太陽穴的那把槍就是羞愧，讓你的自我價值感一落千丈，榨乾你的能量，讓你身心枯竭。

諷刺的是，你一人分飾兩角：你既是迫害者（恐怖份子），同時也是受害者（你那可憐的自我）。看到了嗎？讓你受困和束縛的，正是你自己。這就像我們被設定了要自我毀滅的程式，根本說不通。

## 沒有一種批判比自我批判更強烈

自我批判是一種在家庭、群體與文化傳承之間的社會制約，既然大家都是這麼做，你自然也會耳濡目染。這一切已經變得如此「正常」，你根本不會去質疑它。

但話說回來，自我厭惡並非普世的現象。在某些文化中，像是印度教、耆那教與佛教文化，它們相信輪迴的存在，信徒明白能生而為人是多麼難得。你就像中了頭獎，此生才能投胎為人。畢竟，你也可以生來是一條蟲！所以你能擁有人的身體、自由意志，以及學習、成長與做出貢獻的機會，真的非常幸運。

有個例子可以說明我們是何等深植於自我厭惡的設定中——或者說我們跟這種設定究竟有著何等的孽緣：

在我為企業主管所開設的一門課程中，我請參加者向他們的同事、朋友和家人索取關於自己的反饋，而且是僅限於正面、積極的評價。這套練習方法稱為「反映最佳自我」（Reflected Best Self）。

猜猜怎麼樣？這些主管根本無法接受這個要求，甚至有人一想到要做這項任務的前一晚還會焦慮到失眠！我不禁好奇，請別人給自己一點正面的回饋有那麼難嗎？當我問他們是不是寧願請求負面回饋時，得到了一致的答案：「當然！」

為什麼我們可以接受自我批評來打擊自己，也可以接受別人批判性的回饋意見，卻無法接受自我肯定與別人的讚美？這真是非常奇怪。

給你一個良心的建議：如果你不去質疑，特別是質疑那些對你有害的事，你將無法擺脫束縛。深入思考，揭開面紗，然後捫心自問：「為什麼我要信這一套？」只有透過提出質疑，你才能開始拆解控制你生活的破壞性習慣與制約。

此外，即使你不是為了自己去拆除這種自我厭惡，也請為了你的孩子或任何一個以你為榜樣的人去改變。對此我能舉出最揪心的例子，就是我曾聽到我大兒子用充滿自我否定的語氣談論他自己，只因為他曾聽過我用同樣的語氣聊到我自己：當時他弟弟剛出生，而我正處於產後憂鬱期，他內化了那些他聽到的感受，就像所有的小孩都會做的那樣。於是我下定決心，不能再把這種負能量傳到下一代。

如果有什麼是我想要傳承給我孩子的，那就是希望他們能成為擁有自主權的人，那是一種肯定生命、尊重自我的態度。

## 擁有歸屬感，比做自己更重要？

除了自我批判之外，我們加諸自身的另一種枷鎖，是認為他人的肯定、讚譽和欽佩會讓我們感受到被愛。然而，我們常為了追求這些肯定而把自己搞到筋疲力竭。

## 感受「被愛」，才會有歸屬感

耶魯是一所極其競爭的學府，每年的錄取率也就百分之三到五。來自世界各地數以百萬計的莘莘學子，都夢想能進入這所菁英薈萃之地就讀。所以，當有一群科學研究員問及耶魯大學的同學，對於終於擠進這個窄門有什麼感想時，一般人想像的答案可能是「自豪」、「榮幸」、「開心」。對吧？畢竟他們美夢成真了。

並沒有。

這些衝衝衝，衝進了耶魯的資優生，給出了兩種答案：「壓力很大」、「累死了」。

這些回答聽了真讓人洩氣。

接著，研究員又問這些學生：「你最想感受到什麼樣的情緒？」

再往下讀之前，請先花一分鐘想想你的答案。滿足？快樂？功成名就？

不。是「被愛」。被愛！

所有這些努力不懈，還有那種種的壓力與疲累，都代表我們拚了命在追求被愛。渴望獲得外界的肯定，並不是耶魯學生的專利，而是世上最常見的事情，這也是很多人為什麼都曾或多或少犧牲自身需求，也要追尋歸屬感的原因。

當然，渴望擁有歸屬感是根深柢固的本能，也是健康的表現。在人類歷史上，我們一直生活在家庭、團體和社會中。從出生到老去，我們與他人建立聯繫，需要彼此來獲得人身安全、心理健康、社群支持與情感連結，這對於生存至關重要。

從演化的角度來看，成為異類或被排擠就相當於被宣判死刑。這或許也解釋了為什麼我們會進化到覺得被拒絕是一件很痛苦的事——它會觸發身體疼痛時，腦部所感知到的類似區域。

研究人員發現，除了食物與住所之外，我們最重要的需求就是積極的社會連結，這有利於我們的身心健康。能與他人保持良好關係的人，陷入焦慮與憂鬱的比例較低，壽命會延長百分之五十，免疫系統更強大，生病更快復原，即使罹患大病的存活率也會提升。

我們天生就會尋求社會認可，甚至才四個月大的嬰兒就更喜歡被肯定而不愛被拒絕的聲音。我們從小就被教導要融入家庭、學校、朋友群體和社區。成年後，我們會持續調整自身的行為，去適應戀人、朋友圈、社區與職場。無論是否有意識到，我們都會自我調適以因應性別、國籍、宗教、社區與文化等規範。

再叛逆的人，也會遵守某種規範。譬如很多重機俱樂部就會奉行自由與反抗的價值觀，如同一些典型標語上所寫的：「成為騎士吧！讓他們知道自己錯了」、「不能騎車，毋寧死」。但這些社團也往往有著嚴格的行為守則、明確的階級制度，以及期望成員遵守的團體規範。他們騎的機車跟身上的刺青或許看似叛逆，但其實那是種統一的制服。但凡是人——不論他們看起來有多凶狠多強硬——都有同一種軟肋：渴望歸屬感，和耶魯大學生一樣都渴望被愛。

## 偽裝，就是逼自己討厭人生

然而，這種渴望融入群體而不想被排擠的強烈願望，可能會導致人們「變形」，也就是把自身的需求、偏好、信念拋諸腦後，呈現出他們認為更容易被接納的模樣。

我大學畢業後就搬到中國生活，當時我並不會說中文，所以感覺分外孤單。我渴望人際接觸，再陽春的都好，像是能接到老家打來的電話就很不錯。有天我正在洗澡時，電話鈴響了，我渾身溼答答地就跑出來接。管它毛巾不毛巾的，我才不要漏接這通電話。（當年並沒有什麼FaceTime之類的視訊功能，所以你光著身子講電話也無妨！）在跟老媽聊了十分鐘之後，光溜溜站在那兒發抖的我才注意到窗戶外有動靜。（上海因為空間有限和人口過密，建築物都靠得很近）就在離我只有一英尺遠的地方，窗外站著三位上海男人，他們正把身體探出陽台，看我看得很過癮。

你或許不曾經歷過渾身滴著水，還充當裸體模特兒的情況，但你應該能體會在最赤裸、最尷尬的時刻被人看到的羞恥感，你的臉頰會因為覺得無比丟臉而漲紅。

這就是為什麼我們會極力維持表面上的體面，以免被看穿其實過得很辛苦。這也是何以那麼多人寧死也不肯上台演講，因為他們不想有任何被嘲笑的機會，而被嘲笑就代表不被認可。按照這種邏輯，我們當然會改變自己的模樣以贏得他人的肯定。然而，為了迎合別人而改變自己，其實也是種拒絕，而且拒絕你的還是你生命中最重要的那個人——你自己。

我一個同事的姐姐莎拉，被診斷出罹患一種疾病，醫療人員建議可以藉由更健康、更有機的飲食加以改善。但她卻拒絕這個建議，因為這代表她會因為改變飲食選擇，而在她的社區裡成為異類，不是個「正常人」。看到了嗎？對莎拉而言，歸屬感比活下去更重要。普天下的人類為了融入群體有多不擇手段，由此可見一斑。

## 看不見的情緒假面

偽裝自己呈現出與自我不符的樣貌，對你來說就是一種束縛，因為那會讓你耗盡精力，痛苦不堪。你會感覺到：

- **恐懼**：畢竟，不是出於本心的人設，隨時都有應聲倒塌的風險。一旦人設被拆穿，旁人發現你真正的樣子，你就可能被拋棄。

ＩＧ的前網紅克拉拉・達勒（Clara Dollar），曾為《紐約時報》寫過一篇讓人怵目驚心的文章。她描述自己是如何在戀愛關係中裝出一副高冷的酷樣，只因為她覺得那就是自己的「品牌形象」，而對方愛上的就是自己在ＩＧ上的這種人設。果不其然，她的下場就是失去對方的愛，而那其實才是她真正在乎的事情。如今，她已經取消ＩＧ帳號了。

- **憂鬱**：諾拉・文森（Norah Vincent）曾喬裝成男人，進行為期一年的實驗，然後將這場實驗寫成了一本暢銷書《自製男人》（*Self-Made Man*）。雖然她在超陽剛的圈子裡都成功地沒被識破，但長時間偽裝的壓力導致她嚴重憂鬱，甚至得住進精神病院療養。

- **內耗：**勉強自己去配合別人，明明不想答應卻說「Yes」，或是說出違心之論，都是違背自身的需求與慾望，會讓你感到筋疲力竭。

這就像是中國古代會讓有錢人家的女性裹小腳的做法。這些女子無法正常走路，說好聽是「婀娜多姿」，其實是一瘸一拐地痛苦行走。她們失去了走路的能力，而這正是被迫造成的束縛。

## 假裝合群的代價，是失去真正的你

人會為了歸屬感而順從社會期望和習俗行事，這是很正常的，社會傳統就是這麼建立起來的（這樣也可以避免完全的無政府狀態和無法無天）。但如果為了期待他人的肯定和認同，導致你失去自我，像是放棄自己的本性、願望、想法，甚至是基本需求，那你一定會活得很辛苦。

我人生第一次失戀，是在十六歲。我初戀時因為太過投入，忽略他人，結果失去了很多朋友，所以分手後非常絕望、孤單。我還得出一個結論：既然我以本色示人留不住愛，那我就只好成為別人期望的樣子。我想變成一個「更好」的人。

所謂的「好人」在我的想像裡，就是要順從和被動，（盡可能）隨時準備好配合別人的需求。於是，我留起了長髮，戒掉咬指甲的壞習慣，為的是培養所謂的「女人味」。我還開始節食——彷彿這樣做可以消除我主觀上自認為的「不可愛」，但其實那只是埋下我日後飲食失調的種子。

在試著讓自己改頭換面，以便（一廂情願地）討好旁人的同時，我漸漸失去自我。我配合旁人的順從態度，到了讓人討厭的程度，就是當被問到「你想做什麼嗎？」我的回答會是「隨便啊，那你想做什麼？」有個朋友曾這麼對我說：「我覺得你甚至為了自己的存在而感到抱歉。」

我當然希望你能比青少年時期的我做出更正向積極的決定，但在許多方面，我們都曾無可避免地依照外在的期待，忽略自身的需求，放棄真實的自我。像是明知該拒絕對方的請求卻仍勉為其難答應。在多數情況下，這種行為的影響微不足道，就如同你因為出於禮貌而吃了一道不想吃的前菜般，無傷大雅。但有些時候，這個結果卻足以影響你的人生，譬如你可能因為回答一句「沒問題」，就做了份工作，買了間房子，或進入一段婚姻，但這些一開始就是顯而易見的錯誤。面對旁人，你可以假裝無辜；但事後仔細回想，如果你對自己夠誠實，自然心裡有數：其實你一直都知道自己該怎麼做，但你就是說不出那個「不」字。而你之所以不敢拒絕，為的就是那份對於歸屬感的渴求。

## 找愛之前，先找回自己

我們是世界上最了解自己需要什麼的人，也是最懂得如何照顧自己的人。我們可以用更好的狀態陪伴自己度過每一天，也知道該如何成為自己喜歡的樣子。

外界再多的愛與認可，都彌補不了一個不愛自己的你。唯一能修補心靈傷痕的人，就是你自己。

## 成為自己最好的朋友

路克看似什麼都不缺。他英俊瀟灑，常被誤認為是好萊塢的明星，臉上總是掛著淡淡的笑意，彷彿跟誰都能聊不停那般親切又隨和。他是人生勝利組的典型代表：有美麗的太太、高薪的工作，還可以常去世界各地出差。

然而，他歷經了一段痛苦的離婚。

我注意到他總是迴避那些深入的對話，所以當他來電徵詢我的意見時，我曾委婉建議他在進入下一段新關係之前，可以先學習溝通的技巧。那時，他給了我一個既有自知之明，但又令人心碎的回答：「我連如何跟自己溝通都不會，又怎麼可能與別人溝通？」

在外人眼中，路克已經擁有富足的物質生活，但他的內心卻迷惘、匱乏，飽受自我厭惡之苦。這樣的他就像個小男孩，而不是外表看起來的成熟男人。他的外在成就與內心痛苦形成了強烈的對比。如果願意用心觀察的人，就會從他每晚需要喝三到四瓶酒才能入睡這件事發現一些端倪。

這當中最諷刺的莫過於：在追求無數身外之物，像是肯定、地位、名望、社群媒體上的追隨者、關注、權力與金錢，以獲得他人的認可時，你其實也給自己挖了個洞，因為你拋棄了那個真正的自己。如果連你都不喜歡自己——不論這個「你」是否富有、擁有權勢、受歡迎、有名氣——你永遠都不會感到快樂或完整。

當年在中國的時候，我以為我感到孤單是因為沒人陪伴。但後來我才意識到，最深刻的孤獨是源於徹底的自我忽視與極度的自我厭惡。那是一種連你都不把自己當朋友的孤單；是你作繭自縛，所以沒人能幫得了你的孤單。唯有你自己，才能消除這種寂寞。

正如詩人瑪雅・安吉羅（Maya Angelou）所寫：「我早就明白，我能做的最明智的事，就是要站在自己這邊。」當你成為自己的朋友，就無須從外界尋求慰藉，甚至還能成為給予自己安慰的人。

## 只有做自己，才能停止內耗

我曾經跟一個非常善良、卻不適合我的人進行過多年的愛情長跑。我們的興趣不一樣，因此我必須隱藏部分真實的自己，因為當時的我仍處於「討好他人模式」。

等我們終於分手時，我發現自己能量大幅增加。我說的不是能量增加百分之十的這種小提升，而是增強了百分之五百！

分手後整整一年，我都處於這種活力滿檔的狀態。這究竟是怎麼回事？我一開始還頗為不解，後來我想通了：隱藏自己的真面目，壓抑內心的真實需求，實在是太「耗油」了。假面生活會讓你油箱裡的能量不斷外漏，然而一恢復單身，我所有用於偽裝的精力就完全回到我的支配之下，這種感覺非常奇妙。

忽視自身的需求，隱藏自己的想法，迎合他人的期望，或是對於「做自己」這件事產生罪惡感，這些狀況可以用四個字形容：雖生猶死。

其實，你的脆弱與不完美可以拉近與人的距離。試想，你在一場派對上，會想跟誰混在一起？是那個看似完美、會擺架子的人，還是那個剛才不小心把飲料灑在身上、有點尷尬、但表現卻很自然真實的人？前者多半會吸引你多看兩眼，但後者才會讓你想與他們為伍。

你也比自己想像中的更令人喜歡。研究顯示，大部分的人都低估了旁人喜歡他們、樂於與他們為伍的程度，這就是所謂的「好感落差」（The Liking Gap）。

只要認知到自我厭惡只是一種「程式」，而你就是這程式在「跑」的內容，那你該怎麼做就很清楚了：你要重新編寫這個程式。

## 你的價值，來自於你的存在

面對剛出生的嬰兒，你不會覺得他們必須做什麼才值得被愛。他們的存在就值得被愛。那麼，對你來說又有什麼不同呢？你也是在完全值得愛的狀態被生下來的。

你不需要做什麼事來證明自己的價值，也不需要為了被愛而變成任何人。你的存在，就是你這個人價值的證明。

一旦你為了符合旁人的期待，達到外界對於成功所設定的標準，而把自己綁成一個難以辨認的死結時，想要解開這個結並重新認識自己是非常困難的，更別說要喜歡或肯定自己了。想有所突破，你需要的是覺醒並付出努力。

## 自我權限升級

我們已經檢視被束縛的自我是什麼樣子、會有什麼表現、給你什麼感覺。接下來，來看看當你能夠掌握人生自主權時，會有多大的不同。

## 自我疼惜，溫柔地和自己在一起

你或許聽過由心理學家克莉絲汀・娜芙（Kristin Neff）所提出的「自我疼惜」這個概念，它包括：

- 在自己最需要時，像對待好友一樣關愛自己（如之前所討論過的）。
- 關注自身的情緒，但不要火上澆油：以客觀的態度觀察自己的感受與想法，不帶任何批判、責備、期望或目的。
- 犯錯乃人之常情。人活著就是要去生活、愛與學習，這些事通常都會伴隨犯錯一起發生，是無可避免的。

自我疼惜能為你創造心理的庇護區，不再批評自己軟弱或失敗，而是用關懷與理解的心態來對待自己。你會意識到痛苦的情緒（尷尬、羞恥、失落、嫉妒、羨慕），但也會認可它們的存在和重要性，而不至於陷入自責和自毀的深淵（你這個大白癡），並懂得放自己一馬（沒事的，你已經盡力了）。

自我疼惜的動力來自「愛「：我們既付出善意（給我們自己），也會收到善意（從我們自己）。

一旦打開自我疼惜的大門，就能感到手中握有為自己做出選擇的力量，知道我們只是想自我保護，而這會讓我們懂得要善待自己。

我們都只是人，就這樣一路跌跌撞撞地走著、犯錯、製造混亂，拚盡全力生活著。受了傷又癒合是司空見慣。每個人都是一件未完成的藝術品。

## 解除「自我厭惡」的程式

還記得我曾請班上同學回想他們上一次犯下令人尷尬的錯誤時，都跟自己說了哪些惡毒的話吧？在那之後，我又請他們做下面這件事。

試想，當最麻吉的朋友或最親近的人打電話告訴你，他們剛犯下一個讓人超尷尬的錯誤，他們感到超丟臉、沮喪和難堪。你會如何開導他們呢？根據我學生告訴我的答案，不外乎下面幾種：

沒事啦，別放在心上。
是人都會失誤，這很正常。
過兩天就沒人記得了。
別在意，我挺你。
事情沒你想得那麼糟啦。
你已經盡力了。

現在請你把這幾句話再讀一次，假裝你是在對自己說話。這時，感受一下內心的變化，你是否有如釋重負、溫暖、安慰的感覺？相信你可以感受到朋友正在給你「呼呼」，更可以感受到愛、尊重，並以全新的視角看待事情。

然後，另一個需要思考的問題是：為什麼我們嚴以律己，卻寬以待人呢？「你」跟「你朋友」究竟有何區別？

唯一的差別是：你們住在不同的身體裡。

懂了嗎？自我否定或自我厭惡，就是對自己與對待別人有差別待遇，你會產生自我貶低的想法，並導致負面情緒逐漸積累。這種有害、具破壞性的惡意軟體，麻煩你現在就解除安裝。

## 聆聽自己，覺察真實需求

那麼，要如何解除自我厭惡的程式設定呢？嗯，你得有系統地去訓練自己反其道而行，那就是：與自己建立友好關係，做自己的朋友。雖然聽起來很簡單，甚至有點老套，但若是你想重新設定大腦迴路，是需要技巧和決心的。

首先，你要懂得自我覺察，這是主權中重要的基本元素，因此你會在本書中不斷看到這個詞。

自我覺察就是「明確知道自己怎麼了？」我們要觀察自身的需求，並確實地滿足它們。這聽起來也稀鬆平常，但我們做到了嗎？像是明知餓了，卻還是不吃飯；明知需要多運動，卻還是放任自己窩在沙發上；明知需要養成更健康的生活方式，但還是戒不掉壞習慣。

有一項研究透露了為何我們與自己如此脫節的蛛絲馬跡：受試者可以二選一，看是要在房間裡什麼都不坐地發呆，還是要在房間裡接受電擊，結果多數的受試者都選擇了電擊。沒錯！別懷疑。這項結果說明了我們多厭惡與自己相處。

畢竟，我們已經習慣了一整天都被分散注意力（不論干擾源是來自旁人、新聞、媒體、娛樂、科技等各方面）。事實上，你可能終其一生都不曾好好面對自己。

看看下面這句話：「對自己嚴苛並犧牲自己的需求，會讓我們相信自己的本質是有缺陷的。」

這個句子裡的主詞是誰？是誰對你嚴苛，誰讓你犧牲需求？就是我們自己！因為你覺得自己不夠好，所以才需要透過不斷努力、迎合他人，藉此來證明自己的價值；或是以自我貶抑、自我犧牲的方式，來換取被需要的感覺，進而獲得價值感。就是這些謬誤的信念，讓你陷入無止境的自我懷疑和自我否定。

## 此刻的我，究竟需要什麼？

在我們失敗、跌倒、失態，或為自己造成的可怕局面而感到羞愧的時刻，如果我們可以不要再質問自己：「我是不是不夠好？」來自我折磨，那會是什麼感覺？

如果我們可以不再走那條自我厭惡的老路，而是改問自己：「我現在需要什麼？」

上述建議，是由克莉絲汀・娜芙的同事，也就是哈佛大學醫學院臨床心理學家克里斯多弗・葛摩（Chris Germer）所提出，他的用意是要幫助我們重建並治癒自己，強化意志力，也讓內心更強大。

留意身心發送給你的明確訊號，你就能建立新的神經迴路——你將不再忽視自己，而會關注自身的需求。經過反覆的練習，這種習慣將會變成你的第二天性，逐漸成為本能。

你可以探究自己在當下，在生理層面需要什麼來幫助你撫慰受創的心靈與情緒，譬如：一個擁抱，一段散步，一個假期，一個小睡，一場哭泣，一頓大餐，還是一位摯友的陪伴？想要做什麼，都可以由你決定，因為你是唯一知道自己真正需要什麼的人。

我們都渴望被看見、被傾聽、被重視、被欣賞，強烈需要安全感和信任感。一旦你與自己建立了這些友好的關係，你就不再需要外界的認可與肯定，因為這些特質你都能夠自給自足。

## 你如何照顧孩子，就如何照顧自己

想從「我不夠好」這樣的自我苛責中解放，你必須證明舊版的自己錯了，進而解除身上的制約。別再自我忽視，你要盡最大努力把自己放在最優先的位置；別再自我苛責，而要好好照顧自己；別再為了討好他人而扭曲自己，你理應與自己的內在保持一致。這種改變帶來的感受，會成為你繼續前進的動力。

我曾告訴一名睿智的朋友，說我自從生完老二之後，就出現心悸的症狀——這是心力交瘁，壓力過大，和一些負面原因所導致的現象。結果她說了讓我永生難忘的話：「當你把愛轉向自己時，你的心就會痊癒。你如何照顧寶寶，就如何照顧自己。」我聽話照做，果然身心狀況都改善了。

但我要提醒你，一旦你開始關注自己、聆聽心底真正的聲音時，首當其衝的便是會影響到你與旁人的關係，他們可能會對你感到失望，甚至彼此引發爭執，尤其是對方不習慣你把自己擺在首要順位時。

正如一位為人母的女性曾跟我分享的那樣：「有時我得對我老公說：『我知道要你暫時帶一下小孩可能不太容易，但我真的需要二十分鐘的時間靜坐冥想。』並且容忍他的不悅。」但這是值得的，因為照顧別人前要先照顧好自己，你必須先滿足自己，才有多餘的能量給予別人。而那位母親在短暫的冥想後，的確就像為手機充過電般，重新恢復精力，能以更平靜和愉悅的心態面對老公和孩子，全家都更快樂，創造三贏的狀態。

## 擺脫羞愧，犯錯不會讓你變成錯誤

還記得我把專題演講忘得一乾二淨的那個瞬間嗎？當下我有兩條路可選：我可以陷入自我批判的負面漩渦，不斷責怪自己，然後用不健康的方式分散注意力，以獲得短暫的平靜；但我也可以正視自己的愧疚，提醒自己人非聖賢孰能無過。

我選擇了我認為最好的做法：自我疼惜。

## 從犯錯的自我苛責中解放

在那幾個小時裡，我從頭到腳、全身無一處不感到徹底的愧疚，內心沉重無比，說那是酷刑都客氣了。但我沒有對自己落井下石，也沒苛責自己。光是情緒本身就夠折磨人了，火上澆油毫無意義。

那天回家後，我先向大會的主辦單位表達最誠摯的歉意，然後立即錄製了演講的影片寄給他們，並請他們取消我的演講費。隨著時間過去，生活繼續，我也回到了常軌。

放下自我批判，並不代表你縱容自己、不負責任，甚或會損害他人的權益。不是這樣的。這就像慈愛又有原則的爸媽，會溫柔但堅定地對待孩子，絕不讓他們胡作非為。你會咬著牙，勇敢度過這段困難的經歷，如果犯了錯，就及時彌補。

羞愧會剝奪你的力量，所幸自我疼惜就是最好的解藥。研究顯示，自我疼惜與幸福、樂觀、正面情緒、智慧、身心健康及個人主動性有明顯的正相關，能讓人從錯誤中成長和學習，即使遇到挫折也能展現復原力。

簡而言之，自我批判會啟動你的交感神經系統——即「戰、逃或僵住」的反應，與自己建立好關係則會有完全相反的效應：你會有安全感，而這又會啟動你的副交感神經系統，即「休息與消化」的反應。在這種模式裡，你的身體得以修復並充電，讓你在面對失敗和困難時，每天依然能夠起床，帶著韌性繼續前進。

## 面帶微笑，原諒自己

在新冠疫情大流行初期，我自願開設線上靜坐課程，幫助人們紓解封城帶來的壓力。但因為我對Zoom這個線上會議軟體不熟悉，所以第一堂課才沒上幾分鐘，就被畫有陰莖圖案的駭客入侵了。

第二次我學乖了，我做好萬全準備，心想：「駭客們，你們儘管放馬過來吧！我可不是好惹的！」就這樣，我歡迎所有學員登入，成功開始進行線上課程。但此時我的小電暖器在一旁發出巨大的砰砰聲響，實在有夠吵。雖然我人在家裡沒有暖氣的日光房裡，而且時值寒冬，但我還是決定把像製造炸彈般聲響的電暖器移開，我覺得為了靜坐而犧牲溫暖是值得的。於是，我立馬將自己設定為靜音，並關掉電暖器。

為了讓所有學員重新進入靜心的氛圍，我播放了柔和的長笛音樂，繼續帶領大家冥想。儘管我冷到瑟瑟發抖，但還是勉力保持語調溫柔而穩定。就在一切似乎都準備就緒，大家可以一起追尋心靈的平靜時，意外又接二連三發生了。

原來，並不是只有我不熟悉使用Zoom，而我會知道這點，是因為他們都沒有將自己設為靜音狀態。我看到螢幕上有小孩跑來跑去，撲向正在冥想的媽媽；聽到了狗叫聲；還有人的另一半突然冒出來詢問電視遙控器在哪裡，也有人一直在吃零食並發出聲響……因此我不斷被干擾，經常要張開眼睛查看。

我一再請學員將自己設為靜音，但都沒有人配合。我想他們之所以沒有回應，可能是他們正處於深度的冥想狀態，又或者受夠了疫情期間的各種限制，所以自然也不願勉強自己聽從我的規定。

接著，有人不小心開啟了分享畫面，並開始搜尋Hulu現在有什麼新劇可以追。我不斷請他們別這樣做，但依舊無濟於事。

突然，所有人（包括我）都從線上被踢出，原因是這個專業版的Zoom給免費帳戶的使用上限是四十分鐘。

更慘的是，在歷經這一切混亂之後，我才發現我之前為了關掉電暖器而設定的靜音狀態一直沒解除，所以在整堂課中我說了一堆話，根本沒人聽見！

那天晚上我失眠了，但不是因為我覺得尷尬或丟臉，而是因為我笑到停不下來——我先是狂笑到倒在廚房地板上，然後又躺在床上笑了一整晚。

一旦你解除自我厭惡的程式，以積極的態度，正視並接受自己和現實的一切，不因自身存在某種缺點、失誤而自卑時，你將能從錯誤中吸取教訓，也能迅速振作。

在那場「慘烈」的靜坐課隔天，我竟然收到上課學員的讚美，說我帶領他們進行了一場「史詩級的寂靜之旅」，這真是出乎我的意料！

## 找自己，做自己，愛自己

我請高級主管蒐集別人給予的正面回饋，當他們讀到自己帶給他人的積極影響時，往往會大感震驚，甚至感動到落淚。

事實證明，很多人都背負著極低的自我價值感，完全不知道自己對旁人有何等的正面影響力。就像「冒牌者症候群」，典型的特徵就是雖然具有足夠的能力和成就，但仍然感覺自己不夠格、缺乏自信，擔心隨時都有人會識破真相並被看穿你能力不夠格的一面。

如果你是個低自尊者，習慣忽視或質疑對他人對自己的正面評價，用旁人的觀點來檢視你對自己的看法，會是不錯的辦法。

## 每個人都有獨特的魔力

只要你不再每天活在高度的自我批判中，就沒有人能再操控你。我們看過許多所謂的「壞小子」——像是我之前提到的重機騎士——其實他們還滿講究團體意識的。要是你真想變叛逆，就一定要從忠於自己做起，你的不滿將能化為動力。（後面會再詳述具體做法）

每個人都擁有自己的特質，這是你送給周遭人們的禮物。不論是擅長與孩子相處，還是具有音樂、廚藝、建築、寫作、療癒，或創造美麗事物的才能。也許你容易讓人有安全感，或是善於運用幽默感、感性、機智或同理心激勵別人。就算你這個人真的很惹人厭，你也教會了別人一項很有價值的東西，那就是耐心！每個人都有自己的魔力——就像我們在第一章提到的那首歌。

引路人是透過藝術、觀念或想法來改變社會的領導者，他們為人類帶來全新的「活法」，為這個世界帶來更美好的改變。他們是自主的。他們知道自己的主題曲，了解曲子的魅力，並願意唱出來，即便這麼做有些逆風，或讓人感到不安，又或是遭到批評。引路人不是為了待在他們的舒適圈，也不是為了讓你安於現狀。他們來這裡是為了摘下你的眼罩，告訴你：你也擁有值得分享的魔法。

## 你值得被看見——艾瑞克的故事

艾瑞克・邁可・赫南德茲（Eric Michael Hernandez）十四歲時，他的老師為學校的文化節徵求志工。那時，他並不想參加。

艾瑞克是北卡羅萊納州蘭比部落（Lumbee Tribe）的原住民，他的叔叔之前教過他跳一種名叫「圈舞」（Hoop Dance）的傳統治療儀式舞蹈。他解釋道：「一般人對美洲原住民族的誤解與成見，讓我很難以自己的身分為榮。我擔心同學不知會如何看待我承認自己的原住民身分……我的意思是，當你聽到『美洲原住民』，你會不會聯想到住在帳篷、手持弓箭射擊，戴著羽毛與流蘇的半裸野蠻人？我知道我有朋友就是這麼想的。但這也不能怪他們，畢竟我們的歷史課本跟好萊塢電影，都是這樣教的。」他對這種刻板印象，感到既尷尬又丟臉。

然而在文化節當天，艾瑞克還是來了，他穿著寬鬆的衣服，好遮住衣服下面那套以手工製成的圈舞盛裝。然後，他把要播放的音樂交給老師，脫掉了外層的寬鬆衣物，在全班同學驚異的眼光中表演起圈舞。隔天，他的麻吉拿著校報來找他，頭版正中央赫然是艾瑞克表演圈舞的照片，而標題則是編輯拿《魔戒》書名開玩笑的雙關語——Lord of the Rings——「圈舞之王」。

隔年，當學校再度舉辦文化節時，原本一天的活動延長到三天，因為艾瑞克激勵了許多同學參與，分享自身的文化傳統。艾瑞克後來成為太陽馬戲團的一員，並以首席圈舞者的身分，在世界各地表演超過兩千五百場名為「圖騰」（Totem）的舞碼。

他在加州大學爾灣分校（當時我正在那裡寫這本書）舉行的一場ＴＥDx演講中曾這麼說道：「我就問，你們敢不敢回想何時曾經因為膽怯，而羞於面對真實的自己。」「擁抱你的身分，擁抱你的文化，擁抱你的熱情，因為你可以藉此讓人成長，激勵他人，並讓世界變得更好。每個人身上都有值得與人分享的特質。」

請不要自我否定，不要自剪羽翼，不要隱藏自身的光芒與魔力；這個世界需要你原本的模樣——真實、不受限而自由的你。

如果別人因為你「做自己」而嘲笑你是瘋子呢？那又如何！那只代表他們不明白：這世上最瘋狂的事情，莫過於這輩子都在假裝成為另一個人，而從未活出真正的自己。

勇敢讓自己被看見吧！

### 掌控自我主權的益處

- **覺察力**：透過反思和內省，深入探索自己的內心世界，發現真正的需求和渴望。
- **能量**：不再需要隨時維持人設、為了給人留下好印象或尋求認可，進而節省大量的精力。

- **勇氣：**你不再害怕做自己，也不會畏懼表達內心真實的想法。
- **平靜：**你不再擔心他人的看法，因此壓力大為減輕。
- **領導力：**隨著你按照自己的節奏前進，你將激勵他人起而效尤，成為他人人生的引路人。

## 主導自我的行動計畫

下次當你失敗，對自己過於嚴苛時，你該如何自處呢？抑或你羞愧難當，或是不得不假裝成不是自己真實的模樣時，該怎麼辦呢？還有當你認為必須迎合別人，而非忠於自己內心的想法時，又該怎麼做呢？

這時，你要做下列幾件事。

## 一、拿回生活的主導權

### ‧留些時間給自己

與自己保持連結需要時間，試著享受「Me Time」的獨處時光，了解自己的內心世界。

也許在你行事曆上最重要的行程安排，應該是與自己來場約會。你可以靜坐冥想，盡可能騰出一些不上網的時間，看你是要去散步、開車兜風或做家事都可以。即便你只能在夜深人靜或所有工作都完成後，勉強擠出五分鐘的空檔，那也無妨。充分利用這段時間就對了，你絕對會有巨大的收穫。

你是自己一生中，唯一會一天二十四小時全年無休守護在自己身邊的人，所以獨處時你並不孤單，因為你與自己同在。

### ‧傾聽自己

想要和自己更親近，就必須傾聽身體的訊號與內心的聲音。這些訊息始終都在那裡，就等著被你聽到。

你現在的心境如何？是焦慮、疲憊、沮喪，還是焦躁？你的身體狀況如何？你累嗎、餓嗎，還是筋疲力竭，又或精力充沛？

剛開始關注自己時，你可能會覺得尷尬、焦慮，因為你還不習慣這樣做。但在過程中，你會發現這麼做具有深度的療癒效果，你也可以將它們視為呵護和關愛自己的時間。

隨著練習次數的增加，你與自己的關係將脫胎換骨，你能明白如何盡己所能地照顧好自己，如何補充自己的能量，這些時刻會讓你擁有應對生活的盔甲與防護力。

## •靜坐冥想

想學會傾聽並培養自我意識，我強烈建議你養成每天練習靜坐的習慣。先把目標設為連續進行四十天的靜坐冥想，看看結果如何。

我是使用薩特瓦[1]（Sattva；可意譯為「有情眾生」）的冥想App，因為其中大部分的內容都是由我的靜坐老師「古儒吉大師」（詩麗・詩麗・若威・香卡，Gurudev）所主持。

我特別推薦練習的「慈愛冥想」（loving-kindness meditation），也叫「慈心禪」，我和我的同事森德麗・哈徹森（Cendri Hutcherson）都發現這種冥想有助於強化我們與自身的連結及幸福感。在這種冥想中，你會把慈悲的感受傳遞給自己與他人，並減輕焦慮與憂鬱。

你可以在Sattva應用程式、我的YouTube頻道或我的網站（www.iamsov.com）上找到這款冥想課程。在此我先分享一個簡化版，步驟如下：

一、閉上雙眼，想像有個很愛你的人就站在你右邊——這個人可以是真實存在的人，或你記憶中的某人，也可以是你宗教信仰中的某個想像，總之只要他非常愛你即可。

在想像他就站在你旁邊的同時，也感受他傳遞給你的愛。

---

1 在印度傳統醫學阿育吠陀裡，薩特瓦是善的模式，能讓人從錯誤中解脫，透過思想、存在和行動來獲得快樂。

二、幾分鐘後，想像同一個人（或另一個人）站在你的左邊，正對你傳達他的愛。

三、接下來，想像自己被一群愛你的人包圍，他們都在將愛與祝福傳遞給你。當你覺得感受到滿滿的愛，並多到滿溢而出時，開始把這種愛的感受向外傳遞。

四、你可以先把祝福傳遞給最初站在你右邊的那個人。如果有幫助的話，你可以默唸這樣的句子：「願你快樂，願你健康，願你平安。」然後，對站在你左邊的人也送出同樣的祝福。

最後，將這些祝福擴散出去，傳遞給熟人，甚至是你不太熟的人，祝願他們幸福、健康與平安。

五、在冥想結束前，想像地球就在你的面前，然後將你滿溢的祝願傳送到世上的每個角落。

## ・滿足自己的需求

也許你累了，身心俱疲，但因為教養孩子和要盡各種責任，讓你根本無暇照顧自己，這時你就得盡你所能，善用各種資源，努力爭取小確幸。

例如，你可以規定自己有一餐要吃健康的食物，而不是隨便吃吃果腹。也可以早點上床睡覺，而不要熬夜看電視。又或者你可以把車停在離超市稍遠一點的地方再走過去，讓自己多走些路，順便曬曬太陽。這些日常的小習慣，在日積月累後都會帶來顯著的正面影響。

## 二、停止自我厭惡

### • 學會應對內心的恐怖份子

當你開始傾聽自己時，可能會發現一些不愉快的事，比方說，你會更加意識到自我厭惡這個住在內心「恐怖份子」的存在。但是記住，只要是你能意識到的東西，都會失去對你的操控力：它將不再能支配你。

有些人會為這些負面感受取個名字，藉此減緩情緒的強度，把主控權還給大腦的理智區塊。譬如：「嘿，小布，你又頑皮了。誰都不應該這樣對待我，你也不行。等你知道怎麼好好講話再回來找我，掰囉。」說完這話你就可以恭喜自己，你很棒，你懂得自我提醒要與負能量保持距離，而且沒讓它拖累你。

**• 練習自我疼惜**

你需要做到下面三件事：

——像對待摯友般對待自己。

——關注自己的情緒（像是我在缺席專題演講時所經歷的愧疚感），但不要用自我批判去放大這些情緒。你可以感受情緒，但不要助長它們。

——對自己更寬容，理解到所有人都會犯錯。為自己的錯誤負責，但不要自責。

**• 將負面想法轉為積極行動**

批評無法讓你成長，但行動可以帶來改變。當你發現自己又陷入過度自責的漩渦時，試著停下來，將自我貶抑的內心語言，轉化為具建設性的思維方式，問問自己：「我現在最需要的是什麼？」

這樣的思考方式，能讓自己在情緒穩定的狀態下，找到更具體的改善方法，而不是讓情緒困住自己。

或許，你真正需要的是離開辦公室五分鐘，到外面呼吸新鮮的空氣，即便平常你並不會這樣做，又或是別人認為你不該這樣做。每當你給自己休息的空檔時，就是在重塑大腦，關愛自己，而不是挑戰自己的極限，這樣做可以確保你能以最佳狀態面對生活。

## 三、展現你的魔力

### • 進行「反映最佳自我」練習

請你利用之前我讓學生進行的「反映最佳自我」練習：蒐集身邊的人們（朋友、同事、家人）對你在最佳狀態時表現的正面反饋。

這個能激勵人心的練習，會幫你記住自己的優點，知道「最好的自己」是什麼模樣，有助於提升幸福感、緩解焦慮，並強化心理韌性、預防倦怠，以及提升創意。

## • 練習感謝自己

讚美自己，認可自己的優點，你也可以把這些事說出來或寫下來。

例如晚上臨睡前，在我幫孩子蓋好被子時，我們都有分享感恩之事的習慣。我們家當時才四歲的老么，會滔滔不絕地列出清單，然後以一句話總結：「我很感謝我自己，克里斯多福。」這就是覺得「有自己真好」的一種練習。

## • 勇敢設立界限

有時，你會遇到需要拒絕對方的情況，但或許你因為想要融入、被接納或獲得關注，因而選擇忽視自己的想法。在這些時刻，先暫停一下，離開現場，傾聽內心的聲音。

說「不」並不容易，而且可能還會讓別人不太開心，這樣做的確需要勇氣，但你還是要練習。你越常練習，就越得心應手。

過去，我總覺得設立界限非常困難，光想到要這麼做就焦慮得不得了。對於需要拒絕的事，我會先在大腦中不斷反覆練習一句話（或花幾小時的時間好好撰寫一封電郵），然後強迫自己向對方說出口（或按下發送鍵）。

如今我已能毫不焦慮地堅守自己的界限，畢竟，別人有資格說出他的需求，但我也一樣有權利表達我的立場啊！

## • 列出你的恢復元氣清單

長久以來你都忽視自己的需求，現在要訓練你的注意力重新對焦，優先考慮它們。

有些人需要時間獨處，有些人需要陪伴，有些人需要親近大自然，有些人需要音樂，有些人需要靈性探索，還有人需要看喜劇。

有時候你會需要跑步，有時候你會需要小睡，有時候你會想寫封信給老友，有時候你會想來杯熱茶，或是去附近有彈翻床的場所跳一跳。

這就像是填空題，你想填什麼答案都可以，反正什麼是你的選項，你心裡有數，你很清楚什麼事情可以讓你休息到，可以讓你滿血回歸，可以帶給你能量、活力、鼓勵、啟發和喜悅。

你可以把這些事情列成清單隨身攜帶，有空就付諸行動。當身心俱疲時，你也可以拿出清單，看看做什麼能讓大腦重新開機，恢復活力。

**【寫出你的詩歌】**

## 這世界唯一的「應該」，是你應該照顧好自己的需求

以下是朋友說過的金玉良言：

在人生的哪些方面，你只是按照「應該」來過生活？

你是否把自己硬塞進一個不屬於自己的框架裡？

你會容忍被人霸凌，只因為你是「你」嗎？

你會因為「做自己」而感到抱歉嗎？

你會為了追求表現，而超越自我尊重和自我照顧的界限嗎？

你會為了融入群體，而把自己扭曲到完全變形嗎？

在人生哪些方面，你感覺自由？
你能深呼吸，覺得自己被全然解放嗎？
在哪些方面，你覺得能真正做自己？
你是無憂無慮、自然不做作，
就像在母親懷裡的孩子，無須擔心任何事嗎？

什麼地方可以讓你哭、讓你笑，還能說真話？
我是說你的真心話。
在那裡，你就像回到家。你內心的那個家。
該怎麼做才能跨越「外表虛假」與「內心真實」之間的鴻溝？
在哪些地方你能盡情發揮，在哪些地方你則該收斂自己？
是什麼讓你停滯不前？該怎麼做才能讓你感到自由？
你可以在哪裡，以更放鬆的方式成為自己？直到你掙脫枷鎖。

何時你能有安全感，不再恐懼？
誰能決定這一切呢？
是你。
是擁有自主權的你。

第三章

# 成為情緒的主人

在青春期與大學時代，我曾飽受情緒性進食之苦。我說的不是偶爾來一小桶班傑利（Ben & Jerry's）冰淇淋，而是每次情緒低落時，就會不由自主想要暴飲暴食，試圖用吃東西的方式來壓抑情緒。但一頓狂吃後，我胃撐得難受，心情卻絲毫不見好轉，結果事情就會以我的嚎啕大哭作收。

這是一種可怕的惡性循環，一種會令人上癮的自我安慰機制，一種逃避的方式，一種望梅止渴的行徑，一種具毀滅性的習慣，而我被困在其中無法脫身。

## 我與冥想有個約會

就在那段時期，我第一次嘗試了冥想。在當時（一九九六年），冥想還被某些人視為旁門左道，但我不想錯過能與暗戀之人相處的機會——我聽說那個大一帥哥每個禮拜都會去校園的教堂參加靜坐。

我拉了跟我一樣社恐的室友，去一個我們都會感到自在的社交場合：那種安靜又祥和的環境。有「戰友」相伴——即便她比我還害羞——讓我感覺不那麼焦慮。殊不知我們自投羅網的這種靜坐，遠遠不是兩個傻瓜想像中那種放鬆的心靈熱石按摩搭配水療背景音樂的類型。我們在那裡度過了鴉雀無聲的一小時，那比參加我們避之唯恐不及的吵鬧兄弟會派對還要難熬。儘管當時我就坐在暗戀對象的旁邊。

靜坐導師嚴格要求我們不准亂動。我的雙腿像是被麻醉般毫無知覺，後來甚至全身痠痛。當其他人都進入禪定的狀態時，我則在心裡暗暗發誓下次再也不來了。我才不管我旁邊坐的是誰！再怎麼喜歡的人也不值得讓我的屁股受這種折磨。

## 轉念，解決了我的暴食症

當冥想課終於隨著一記響亮的鐘聲結束時，我感到如釋重負，彷彿從一場酷刑中解脫。然而就在我們離開後，我對室友說道，我覺得自己好像哪裡不一樣了。我的內心變得平靜，就像在秋風中不斷被吹拂的落葉終於緩緩落地。

我從未感覺這麼好過——但我再也不想來了。說好了，下不為例。

冥想的效力似乎並未延續太久，隔天我就又覺得心情不好了——那段時期的我動不動就情緒低落。那時我看到沒吃完的冷比薩時，反應一如往常：太好了，來吃個痛快吧。

但那瞬間，我突然產生一個我從未想過的念頭：艾瑪，妳每次吃完都會狂哭。要不這次妳換個順序，先哭完再吃如何？

於是，我照做了。我躺在床上大哭一場。

等哭完之後，我發現自己暴飲暴食的衝動完全消失了。這讓我非常震驚。

藉由讓負面情緒有充分發洩的出口，我想用食物掩蓋它的衝動消失了。那次六十分鐘冥想課帶來的覺醒，為我的飲食失調畫下了句點。所以後來看到數篇說明冥想有助於改善情緒性進食的研究時，我一點都不驚訝。

從此，我再也沒有狂吃暴食，也沒有與我暗戀的那位帥哥約會過，但誰在乎呢？因為我自此展開與靜坐終生的浪漫關係。跟靜坐約會，就是跟自己約會。

## 不要被情緒控制人生，要控制情緒去掌握人生

不論你受過多高的教育，你很可能就跟五歲的小孩一樣，根本沒學過該如何處理強烈的負面情緒。

孩子們常會被告知「噓，別哭！」或「臉不要那麼臭！」或「沒那麼嚴重好

嗎?!」難怪這些小孩長大後也會咬著牙否認自己的感受——「一切都很好，真的。我沒事啦」——面對種種痛苦，我們只能故作堅強。

但這不是任何人的錯，你的父母、家人、老師與老闆也可能都有相同的盲點。既然如此，你又怎麼可能從他們身上學到什麼呢？

研究顯示，情緒會影響我們所做的一切，包括：專注力、記憶力、身心健康、決策力、人際關係，而且這種影響還不分地點場合，不論在家中或職場都一樣。當我們不知該如何處理情緒時，不僅我們受苦，周圍人也會跟著遭殃。

當你感到壓力、焦慮或憤怒纏身時，專注力與記憶力都會下降。當你悲傷時，學習效率會欠佳。需要做出重大決定時，你的狀態是精疲力盡或自在放鬆，會導致完全不同的結果。更糟的是，一旦我們無法處理負面情緒，最愛的人往往成為我們傷害的對象，然而對方卻是我們最不想傷害的人。你留意過這件事嗎？

要是你懂得如何處理情緒，你就可以使其為你所用，讓你獲得創意、能量、更深層的人際關係，以及更大的幸福感與滿足感。

當我們無視、壓抑和麻痺自己的情緒時，我們不僅被這些負面情緒束縛，也放棄了自己的主控權。諷刺的是，我們越想逃離情緒，就越會變成情緒的奴隸：它們持續的時間會變長。此外，在試圖停止的過程中，我們還常會採取有礙身心的行為——像我會暴食——結果每況愈下，感覺更糟。

本章將討論人們如何被情緒束縛，包括我們做了哪些作繭自縛的愚蠢行為。如果我們不知道一開始是如何把自己弄得一團糟的，就無法獲得解脫。最後，我會分享如何掌控情緒，繼而掌控人生，成為情緒的主人。

## 破解情緒迷思

當我們壓抑和麻痺情緒時，就是把自己困在情緒裡。我們害怕面對那些不舒服的情緒，於是試圖逃避，但結果卻是越陷越深，甚至對有害身心的壞習慣上癮。

即便如此，我們還是不斷被許多錯誤的信念蒙蔽，陷入惡性循環裡。

### 情緒迷思一：「別把情緒帶進來！」

長久以來，西方社會一直認為表現情緒是幼稚和軟弱的象徵，高ＥＱ的人是不會展現真實情緒的。而且，拜託，振作一點，控制一下你的情緒，不要把情緒帶進來。尤其在職場，不把情緒帶入工作更被視為專業的表現。

這種觀念真是荒唐，因為情緒不是鞋子，你想脫掉就可以脫掉，你無法將源於內心的事物輕易丟棄。

確實，有些人比較情緒化，但每個人都會有情緒，這一點無關乎性別、年齡或文化背景。由於情緒常被視為心浮氣躁或不恰當的——尤其是負面情緒——因此你可能會將它們埋藏、隱匿、吞下，或借助酒精或毒品等方式予以壓制，以至於你根本察覺不到自己的情緒。

即便你天賦異稟，真有能力把情緒留在門外，但你也會需要很多扇門，因為人類時時刻刻都在體驗情緒，天曉得你得歷經多少道情緒之門才能阻絕。

現在，我希望你能感到期待、好奇，覺得被內容吸引並渴望繼續往下閱讀。但在這之前，你可能已經快速查看了手機，而那一瞬間會引發的一連串情緒包括：

- 你伴侶發來的憤怒簡訊讓你壓力山大。

- 你老闆的要求讓你焦慮爆表。
- 社群媒體上的一篇貼文讓你產生「錯失恐懼症」（FOMO）[1]。
- 照片應用程式跳出一些照片，讓你想起過去。
- 有則通知顯示你每天會滑四小時的手機，這讓你覺得缺乏自制力而十分沮喪。

看到了嗎？你在瞬間就集滿了五種情緒。砰！

我敢說，我們的祖先一整天需要經歷的情緒，遠不及我們在幾分鐘內所需應付情緒的萬分之一，而這一切全拜科技所賜。

美國麻州巴布森學院（Babson College）全球領導力學程教授羅伯・克羅斯（Rob Cross）的研究顯示，就是這些看似微不足道的壓力體驗——他巧妙地稱之為「微壓力源（microstressors）」——是如何累積並對我們的身心造成負擔。雖然明明沒發生什麼驚天動地的「大事」，但一天下來，你總覺得自己像是經歷了一場戰爭，身心俱疲。

每種情緒，尤其是負面情緒，都會造成你能量或大或小的耗損，令你益發疲累。

如果你想假裝沒事，產生的耗損就更大了，關於這點我們後面會再討論。

## 迷思二：負面情緒要壓抑，不能表現出來

我曾詢問世界各地的讀者，他們的社會如何教導人們處理強烈的負面情緒。大多數的讀者回答如下：

把情緒隱藏起來，假裝不難過。

壓抑情緒，封藏起來。

硬吞下去。

告訴自己：「咬牙撐住！」

壓抑情緒似乎是種「準」普世的現象與期待。我會加上一個「準」字，是因為曾有位讀者指出，這種做法並不適用於他的義大利南義家庭。他說，在他們家鄉，把情

1 「Fear of Missing Out」的簡稱。是指會因為錯過某些與他人共同經歷的事件而感到焦慮，並渴望能與他人保持聯繫，以免錯過任何重要資訊或事件，甚至因此容易陷入與他人比較的挫敗感。

緒強烈表達出來，才對心臟有益。然而即便你來自一個鼓勵表達情緒的家庭或文化，還是得面對各種會壓抑你情緒的人事物，或是需要自我壓抑情緒的時刻。

儘管「壓抑」是人們處理棘手情緒最常見的技巧，但它絕對也是最糟、最無效的一種做法。

以憤怒為例。壓抑怒氣就像你猛搖一罐汽水，罐子外表看似沒有異狀，直到你拉開拉環，汽水就會噴得你滿臉都是。你可能看起來沒那麼生氣，甚至露出那種僵硬、雙唇緊閉的「沒事啦，一切都很好」的微笑，但大腦的情緒中樞和生理機能活動會更加活躍，心率與血壓也會「沒有最高，只有更高」地往上飆升。

情緒是種能量，要是放著不去消化或處理，這股能量就會停留在你身體或心理的某處，在那裡堆積、潰爛，慢慢造成問題。如果憤怒（或憎恨、嫉妒等任何負面情緒）沒有爆發出來，它就會內爆，以胃痛、偏頭痛或其他身體症狀的形式出現。

我來自北歐，身上流著德國、英國和芬蘭三個國家的血液，而這些地方的主流文化，都是要人們把情緒埋藏得越深越好，所以我是情緒壓抑界的黑帶高手，胃痛對我來說是家常便飯。

被壓抑的怒火也可能以被動攻擊的形式表現出來，這種情緒就像溫水煮青蛙一樣，會隨著時間推移而損害人際關係。

然而，讓情緒徹底爆發也不是更好的選擇，理由我想也不需要多做說明了吧。我不建議任何人變成情緒炸彈，但在我自己也不是能控制得很好——尤其是在產後睡眠不足的時期，我經常都是精疲力盡。我老公不喜歡發脾氣，他唯一喜歡的高溫是三溫暖，他可以利用爆汗的方式去排解婚姻生活中的壓力。感謝老天，他對我偶爾的火爆個性很包容（精確地說，我得感謝他的天主教信仰）。

## 迷思三：自我麻痺，就能忽略情緒

如果把我的第一次分娩拍成電影，那它會是部劇情片——或者是部喜劇片。我哭得一塌糊塗，叫著要找媽媽，像個暈船的水手般痛苦地不斷咒罵。我事前已經決定像我媽在生四個小孩時一樣，不使用任何麻醉或止痛藥物。結果這讓我痛得撕心裂肺。我拚命抗拒越來越快的陣痛，越來越快的宮縮也令我恐慌。我覺得自己好慘，好可憐。

許多人都無法忍受生理上的痛楚。「給我藥、給我打針、給我笑氣、給我泰諾[2]、給我類固醇，讓我睡著吧。我不想要有任何感覺！」痛，就是不好。

我們對待情緒上的痛苦跟對待生理上的痛楚，反應是很類似的，我們也會想試圖麻痺情緒。可惜情緒麻藥並不像牙醫用的奴佛卡因[3]那麼有效，後者能讓我們乖乖坐在治療椅上看完牙醫，而前者則會讓人對麻痺我們的事物上癮。

如果我們對自己夠誠實，其實某種程度上我們都對某些東西上癮。以我為例，在大學時代是靠食物，後來，就是當個工作狂。至於我老公，則是靠美麗諾羊毛尋求情感慰藉，每當他帶一件新毛衣回家時，我們就知道他又去「悲傷血拼」了。

我們也早早就教會孩子這種方式——我們知道餅乾、糖果與手機可以讓孩子安靜下來。

任何能讓我們產生依賴的東西——即便只能暫時讓人感覺良好——都讓我們失去力量，這些東西會消耗我們的能量。

更糟的是，麻痺情緒就像止痛藥的作用，它治標但不治本，頂多讓你暫時忘記痛，但情緒依舊在那兒，等著藥效過後仍會回頭繼續折騰你，就像大學時代的我會在大吃特吃後痛哭流涕一樣。此時我們早已被「麻醉物」搞到身心俱疲，面對痛苦時益發脆弱了。

一旦我們相信解決痛苦情緒的答案來自於外在，我們就被這種想法束縛了。而且有心人士透過我們想讓自己好過一點或想逃避情緒的需求，就可以輕易控制我們。想想那些從人類麻痺習慣中獲利的各種企業吧——從製藥公司到酒類品牌到娛樂產業——我們的惡習就是他們的商機。更不用說社群媒體上的網紅、廣告人、行銷高手，他們靠著我們相信他們的產品能永遠解決所有的負面情緒，而過著優渥的生活。

## 因為經歷過黑暗，所以決定成為光

正如一生都致力於陪伴臨終病人的心理學家伊莉莎白・庫伯勒—羅斯（Elisabeth Kübler-Ross）所說：「我們所認識最美好的人，是那些經歷過挫敗、苦難、掙扎與失

---

2 Tylenol，一種鎮痛藥物品牌，成分與普拿疼一樣，為乙醯胺酚。

3 Novocain，一種常在牙科手術使用的局部麻醉藥。

落，仍會想辦法找到出路，最終走出困境的人。這些人對生活有一份感謝、一種敏感度和一種理解，使他們充滿慈悲、溫柔與真摯的關愛之心。美好的人不會憑空出現。」正是生命中的挑戰，塑造了最美麗的人類精神。

在人生中，我們難免會偶爾情緒失控、不快樂、失去重心。生活的地基也可能會在腳下崩塌，不論是創傷、失去、震驚、突如其來的劇變、生死攸關的局面或筋疲力盡，都可能殺得我們措手不及。但就是這些生命的波折，讓我們更能理解和同情他人正在經受的痛苦，也更加懂得珍惜美好的時光。

我曾在一個以毒性文化而聞名的研究實驗室工作。實驗室的成員多半都不太友善，只有兩個人例外。那是兩位黑人女性，分別擔任科學家與行政人員的職務，她們總是熱情地給我溫暖，也會跟我開玩笑，對我極其友善。她們讓我有安全感，我也十分感激她們讓我在那段工作時光，過得沒有原本想得那麼慘。

在我離開實驗室之後，我向其中一位表達了我的感激之情。她對我說：「妳不覺得很神奇嗎？兩個用善意與愛把妳當作自己人的人，都是黑人女性，天底下哪有這麼巧的事情？事實上那不是巧合，而是我們深知缺乏這些感受時，會是什麼滋味。」

儘管她們的人生路並不順遂，但她們做出一個了不起的決定：將痛苦轉化為讓別人免於同樣遭遇的決心。

如果我們每個人都懷抱這樣的意圖，你覺得這世界會變成什麼模樣呢？

## 情緒權限升級

如果我們在學生時代學習閱讀和數學的同時，也有人教我們如何調節情緒，那麼許多問題根本不會發生。幸而現在為時未晚：我們仍可以學習使用簡單且有科學根據的方法有效應對情緒。

主宰情緒意味著學習優雅地駕馭情緒，你必須願意去感受情緒，不斷練習，保持自我覺察，對自己誠實，並勇敢面對。在這個過程中，你會獲得更多自覺、能量與幸福。我將在下面分享能讓你事半功倍的技巧。

## 放手讓情緒流動

還記得我生第一胎時不用麻藥，把現場搞得轟轟烈烈像菜市場一樣熱鬧嗎？嗯，信不信由你，我生老二的時候放鬆得不得了，甚至沒人注意到我在生孩子，從頭到尾我幾乎是一個人搞定。

在分娩的前幾個小時，我的助產士就對眾人宣布，從我這麼平靜的狀態來看，我應該是隔天才會生了。然後她跟助理就很放心地離開，去睡了個香甜的午覺。至於我老公嘛，他也在我旁邊好好補眠。當我因為疼痛而緊握他的手時，他會閉著眼睛偶爾哼一聲，並輕輕回握一下，算是對我這個深受折磨的妻子表達關心與同情，也對即將出生的小寶寶傳達興奮之情。

生老大時我一直在抗拒，覺得自己很可憐，活像個受害者。但生老二的時候，我選擇掌控自己的情緒。我沒有焦慮得驚慌失措，自怨自艾，也沒有拚命想逃離現狀，我選擇順其自然。

在那之前，我參加了一個催眠課程，這個課程教我學習如何接納各種感受。我選擇用放鬆來取代抗拒，不再浪費寶貴的精力去抵抗。我接受每一種感覺——不論它們有多麼強烈與痛苦——我就當它們都是協助寶寶離開我體內，來到這世界的一個過程。於是，分娩進行得更輕鬆、更順暢，也更迅速。

雖然生產對身體的挑戰性依然超乎想像，但對我來說，這是一次平和的體驗，沒什麼狂風暴雨，至少我的助產士跟老公都仍處於熟睡狀態，我自己也是處變不驚。

我生產的故事，是與肉體有關的痛苦，但它同時也是我們如何成功處理情緒痛苦的隱喻。

注意觀察孩子們是如何從情緒中快速恢復的。他們一旦發脾氣，就會聲嘶力竭地尖叫，使出吃奶的力氣大哭發洩。但兩分鐘後，情緒就過去了，他們還是自我的主宰者。

為什麼孩子的情緒復原力如此強大？因為他們讓情緒順利通過身體。正所謂「能感受它，才能治癒它。」情緒是流動的能量，這股能量就像孕婦生產時，寶寶需要從子宮離開的動能。如果你允許自己去感受情緒——觀察並擁抱這份不適——而不是抗拒、自我麻痺或火上澆油，情緒就會流動起來。徹底體驗負面情緒的過程並不愉快，通常會宛如在地獄般難熬，但就跟生小孩一樣，結果會以解脫告終。

需要注意的是，充分感受情緒並不代表在情緒達到高峰時要毫無保留地發洩出來。當我們對別人大發雷霆時，會損害彼此的關係，最好等冷靜下來再溝通。這裡的重點是，藉由體驗自身的情緒，你可以處理並消化它。等完成這些步驟後，你就能更清楚地表達自己，與他人的交流也會更順暢。

腦部磁振造影研究顯示，在情緒激動時若能採取接受的心態，有助於大腦的情緒中樞平靜下來（即大腦邊緣系統區域的活性會降低）。

我大學時代因為吃冷比薩而頓悟的那天，是我第一次感受到，透過承認、擁抱、接受並允許絕望和悲傷的能量在體內流動，這種體驗讓我獲得慰藉與力量，想暴食的衝動也因而消亡。

## 「你」比「你的情緒」更強大

不論你能否感覺得到，但「你」的確比「你的感受」更強大。我在加拿大參加瑜伽師資培訓課程時，我們的講師常用九個字鼓勵我們度過難熬的腹部訓練，那就是：「你比你的身體更強大。」

情緒自主同樣也需要你意識到：你比你的情緒更強大。雖然感覺上，你的情緒會在拳擊擂臺上撂倒你，但其實它們辦不到。它們可能會傷害你，但絕對無法毀滅你——除非你自我麻痺或死命抗拒。若真如此，那麼它們就會掌控你。

孩子跟成人之間的差異，在於孩子會沉溺於自身的情緒裡，他們就是情緒，所以他們會怒喊：「真是氣死我了！」而身為成年人的你，可以意識到憤怒，但不需認同這種情緒，你會察覺到：「我正處於憤怒中。」藉由觀察情緒，清楚你（觀察者）與情緒（憤怒）之間的區別。

就像你看著電視畫面，但畫面不會控制你一樣，你也是發生在你身體和心靈螢幕現象的觀察者。你是觀看者，而不是螢幕；你是體驗者，而不是體驗本身；你是感受者，而不是感受。它們無法控制你。透過臣服、接受與觀察情緒的運作過程，任由情緒從你身上沖刷而過，你最終才能掌控一切。

在完成那次「你比你的感受更強大」的瑜伽教師培訓後，我前往印度參加接受第二階段的訓練，那裡學員的心態與西方世界差異大到讓我吃驚。在加拿大，瑜伽學員紀律嚴明、守時且全神貫注；而在印度，學生則非常悠閒，習慣遲到，一副愛上不上的模樣。就連他們的瑜伽墊都很「叛逆」：我們是用輕薄的塑膠瑜伽墊，對膝蓋和背部幾乎沒什麼支撐力；而印度學員用的卻是厚達四英寸，像床墊般柔軟舒適的棉質瑜伽墊，看起來更適合小睡一會兒。

當時老師們試圖利用規則和行為準則來維持紀律，我只能說他們真的盡力了，因為印度學員一有機會就會不按牌理出牌。

在北美，我學到紀律與堅毅；在印度，我則學會了放鬆與臣服。那次訓練教會我許多關於瑜伽的事，也讓我對情緒有了新的體悟：我們需要具備紀律、耐性與勇氣去承受情緒，但也要能臣服與放鬆，讓情緒自然浮現、釋放，離開我們的身體。

另外還要注意：有時候你的情緒甚至不是你的情緒。關於情緒感染力的研究顯示，我們會接收到他人的情緒。最明顯的例子是，當人群中出現恐慌，其他人也會瞬間陷入慌亂。又或是當你身旁有人生氣，很快你會發現自己也跟著火大。

你可能會注意到，當你走進充滿壓力的地方，比方紐約的曼哈頓或加州的舊金山灣區，空氣中的焦慮能量幾乎是明顯可見的。所以，我們實在不該總是把情緒看得那麼嚴重，強烈執著於情緒中，因為有些情緒根本就不是你的情緒。

## 痛苦教會我們的事：如何在絕望中找到力量

情緒已經出現，你感受到了，而且很難受。你不想壓抑它們，那該怎麼辦？

關於情緒調節領域的大部分研究，都將「認知重新評估」（cognitive reappraisal）視為情緒管理的首要技巧，我在研究生時期所參與的實驗室也是這麼做的。

### 換個角度看情緒

認知重新評估是一種利用邏輯、理性和智慧，依據目標來管理情緒反應的能力，包括從不同的角度看待問題。

在八〇年代末，正值愛滋病的疫情高峰期，由於尚無有效的藥物醫治，因此感染者的預期壽命極短。當時有次我下課搭地鐵回家，無意中聽到兩個男人在討論這件事，其中一人臉色蒼白、骨瘦如材、頭髮灰白，從他的談話內容可知，他已經確診愛滋病。就在他即將下車之際，他停在車廂門口，轉頭對朋友說：「但你知道嗎，這個病反而讓我有所成長。現在的我不會再把每一天視為理所當然，每一次呼吸對我來說都是恩賜。」

這個男人正處於艱難的情況，但他藉由重新評估與審視，把自身的處境視為禮物，進而掌控自己的生命。

研究也顯示，把壓力情境視為挑戰或冒險，而不是負擔，有助於人們更好地處理情況，除了能降低大腦情緒中心的活躍程度，甚至還能降低發炎等有害健康的指標。

當然，擁有掌控力也與人際關係的提升息息相關。我們如何處理人際關係中的衝突，以及由這些衝突所衍生的情緒，會影響關係的品質與持久性，還有我們的心理健康。能夠管理自身情緒，可以讓身邊的人更快樂。我和同事曾進行一項研究，發現大學校隊教練若能換個角度看待自身情緒，而非一味壓抑，那麼他們所帶領的球隊氣氛會更好，戰績也更佳。

有時候，你的工作壓力很大，但幸而家庭生活很幸福。在這種情況下，專注於進展順利的事情，可以幫助你擺脫對於不順遂或無法改變之事的執念，讓你以更大的耐心面對困境。也就是說，關注生活中積極或正向之處，可以拓展你的視野，改變你的心境。

我這裡有一些幫助你重新評估情緒的建議：

如果青春期的成長痛一直延續下去會如何呢？

如果你會繼續疼痛，但也會繼續長高呢？

如果情緒痛苦並非是一無是處的壞事呢？

如果痛苦是你的朋友呢？

如果這個朋友能幫助你成熟，變得更堅強、更堅毅、更睿智；

如果這個朋友愛你愛到敢對你講狠話，給你一記當頭棒喝，只為讓你的心變得更強大；

如果這個朋友會引導你進入最黑暗的角落，好讓你看見自身耀眼的光芒；

如果這個朋友能真正看見你美麗、強大、無限的潛能，並且願意竭盡全力幫助你成為最真實、最勇敢，也最無畏的自己呢？

這個朋友就是：你的自主權。

## 創傷後成長

如果用上述的角度回顧人生，你覺得哪些人生經驗帶給你最大的成長？毫無疑問，會是離婚、死亡、突然失業、健康問題、伴侶出軌、精神虐待或財務危機……這些煎熬、痛苦、令人心碎和極其痛苦的時刻，同時也塑造出更好的你。

這些經驗會激發你的韌性，培養你的忍耐力與堅毅，因為你別無選擇，即使你淚流不止，感覺自己快要死了，但仍必須繼續前行，因為日子總是要過下去。所以你還是會站起來，會吃早餐，然後去上班。你會看見內心的戰士，是多麼勇敢。

「創傷後成長」是真實存在的。蓮花確實會出淤泥而生長。我們所歷經的艱難，會賦予我們耐力與巨大的力量。它會帶來智慧，因為我們親眼看見了痛苦的模樣，從此，我們不會再把任何事視為理所當然。更重要的是，創傷後成長會引發同情心，因為你見證過也經歷過痛苦，你的心會變得更寬廣，它對愛的容量變大了，你想拉人一把的渴望也會更強烈。

我曾經跟一名因家人自殺而經歷創傷的退伍軍人共事。他回憶道，當時他對於家人的死沒有任何情緒反應。在創傷後壓力症候群的這類病症中，人的確有可能完全失去感受情緒的能力，甚至連正面情緒也會變得麻木。

後來，這名退伍軍人參加一項名為「天空呼吸冥想」（SKY Breath Meditation）的實驗，這個呼吸技巧幫助他擺脫了創傷，他重新找回感受情緒的能力（詳情見第四章）。當時他告訴我，他喜歡上一位我們共同的朋友，並且感受到隨迷戀而產生的心情起伏。他非常高興地對我說：「艾瑪，我能感覺到『很好』，我也能感覺到『很糟』。我終於有感覺了！」

生活中的低谷和高峰是相互依存的。如果一個人無法感受負面情緒（如痛苦、悲傷），那麼他也無法真正感受到正面情緒（如快樂、幸福）。

## 呼吸對了，大腦就放鬆了

「沒錯啦，但是……」當年在研究所討論認知重新評估技巧時，我心裡一直迴盪著這幾個字。

重新評估是一種很棒的技巧，但並非總能奏效。當事情還不太糟時，理性可以在一定程度上控制情緒，你確實能透過「說服自己」擺脫輕度挫敗。但若是發生突如其來的變故，比如你被突然解雇、發現另一半出軌……諸如此類的重大打擊，你該如何重新評估？你還hold得住嗎？

## 呼吸是情緒急救包

如果一個成年人發現自己處於會極度引發焦慮或憤怒的情境中，再多的理性跟邏輯也無濟於事。因為當情緒超失控時，認知策略就無法與強大的情緒抗衡，大腦的情緒中樞會被強烈激發，觸動壓力反應，你會暫時失去推理與邏輯能力。神經科學研究證明，當情緒過於激動，或是在壓力過大、睡眠不足的時候，前額葉皮質中負責理性思考的大腦區域就會受損，因此你無法輕易說服自己擺脫焦慮、恐懼或憤怒。

受到這些強烈情緒的影響，大腦情緒中心（如杏仁核）會掌握主導權，前額葉皮質與大腦其他區域的連結會減弱，因此它無法如平常那樣適當地調節我們的情緒。

那麼，當理性起不了作用時，還有什麼可以幫助我們呢？在我們以大腦為中心的生活中，很多人忘了一個關鍵因素：我們可以透過身體幫助大腦。情緒是種能量的表現，而身體會承載情緒能量，如果想重拾清晰思考的能力，藉由身體處理情緒能量是非常有幫助的。想要讓這招盡快見效，最好的辦法就是透過呼吸。

呼吸是少數可以由大腦控制的自律神經活動，將注意力集中在呼吸上，就能隔絕腦中紛亂的思緒及想法，同時還能強化前額葉皮質的迴路。

傑克曾是海軍陸戰隊軍官，在穿越阿富汗的車隊中，負責押尾的任務。當時，他的車子在行進間觸發路邊的一枚炸彈。在爆炸的塵埃落定後，他看到自己的雙腿從膝蓋以下幾乎都被炸斷了。這種程度的震撼、創傷與劇痛，通常會導致人在短時間內昏厥。但傑克透過一種呼吸技巧，積極防止自己陷入休克，這讓他能保持清晰的思維，進而履行他的第一項職責：確認車上其他同袍的狀況，以及第二項職責：下令求援。他甚至還能冷靜到為自己的腿綁上止血帶，並在失去意識前將雙腿抬高。

他先被緊急送往德國，然後又被轉送至華特里德國家軍事醫學中心。醫生告訴他，如果他沒有進行那些緊急處置，恐怕早就因失血過多而死了。

傑克的傷勢嚴重到讓他失去雙腿，但他保住了寶貴的生命，如今也有美滿的家庭，生活過得很好。這樣不幸中的大幸，都得歸功於他懂得如何在情緒極度激動時，利用呼吸法保持神經系統的平靜。

如果傑克在生死交關的情況下，都能保持情緒的主控權，那麼呼吸對於我們所面對更小的難關（希望如此），又有什麼辦不到的呢？

## 改變呼吸方式，能讓心情變好

我們當然都知道如何呼吸。我們的生命以吸氣為開端，以呼氣做結束。在這兩個關鍵時刻之間，我們每天大約會進行兩萬次的呼吸，這理應讓我們成為呼吸專家，是吧？但大部分的人都未意識到呼吸對心理健康的深遠影響。

我們的呼吸方式，會影響心率、血壓、情緒與記憶，呼吸模式則會影響大腦許多重要區域的功能，神經元會對呼吸節奏做出反應：當我們調整呼吸，就能控制腦細胞的活動。因此，呼吸會影響我們如何感知這個世界，以及如何思考、專注、記憶和感受。

不同的情緒與不同的呼吸形式有關，只要改變呼吸就可以改變感受。演員會學習這類技巧，藉此調整呼吸以引發特定的情緒。長、深、慢的呼吸能觸發放鬆的情緒，相反地，短而淺的呼吸會令人焦慮或憤怒。

放慢呼吸的節奏——特別是呼氣——可以啟動放鬆反應。這樣的呼吸可以舒緩心率，刺激迷走神經（這是從腦幹延伸至腹部的腦神經，屬於副交感神經系統的一部分），你會開始冷靜下來，感覺變好些，理性思考能力也會逐漸恢復。

## 學習自我覺察，誠實面對心魔

想要成為情緒的主人，就是要帶著勇氣，徹底對自己誠實，並具有自我覺察意識，坦然接受人生中的各種感受與經歷。

你是否沉迷於娛樂、美食、工作、購物，或單純只是為了讓自己忙到不可開交，因為這樣你就無暇心情低落？

我有一位非常傑出的學術界同事，正逐漸從成癮中康復。當我問她是否會使用社群媒體時，她給了我這麼一個非常有自覺的答案：「我不能上社群媒體。我不能冒險去從事任何會讓我嗨的活動。」

社群媒體不是酒精或毒品，但它同樣可以給我們快感，讓人沉迷於按讚數、留言和追蹤人數——這是另一種容易讓人成癮的習慣。正是自我覺察的能力，讓我同事體認到自己會在什麼地方以及可能如何陷入成癮的陷阱，並巧妙避開它們。

馬克在十五歲時不幸遭逢喪母之痛，導致他開始酗酒，最終成了酒鬼。經過多年的奮戰，他才終於靠著冥想成功戒酒。

酒精會麻痺人的意識，讓人失去行為控制力（這也是你不能酒駕的原因），即便每天飲酒少於一杯——大約半杯啤酒，也會讓腦容量下降。每天從一杯增加到兩杯，對大腦的影響則相當於加速老化兩年。

而冥想之所以能有效對抗菸酒等上癮物質，是因為我們在冥想時所處理的想法與感受，會比在做其他放鬆活動時更多。也因此，冥想能提升注意力及自我意識，並強化可以促進反成癮行為的大腦區域，例如自我控制、自我覺察與情緒調節。

不過，雖說冥想的確可以培養覺知，但在自我覺察中，我們也要百分百誠實。如果你不誠實，你的人際關係便會讓你清楚地看到這點。

馬克在戒酒後娶了夢寐以求的女孩，但這段婚姻只維持很短的時間。憤怒又自怨自艾的他去找一位心理師諮商，對方直白地告訴他，要他別再扮演受害者了。馬克說：「我當場理智斷線，他的話成為壓垮駱駝的最後一根稻草。我對他說：『去你的，我靜坐也去了，所有能做的事情都做了，為什麼還會這樣。為什麼我這麼倒楣？為什麼？為什麼？』」

但那一刻，馬克突然靈光乍現，他意識到是他從未處理的憤怒摧毀了婚姻。雖然他已經戒酒，卻從未真正面對自己的情緒，也從未對這些情緒負起責任。

「我把戒酒當成一種榮譽徽章，但內心仍充滿自憐、憤怒和自以為是。我沒有照顧自己的情緒需求，而是要別人來滿足我的安全感。我覺得老天對我不公平，我應該得到更多才對。我完全陷在受害者心態裡，對自己一點都不誠實。」馬克這樣跟我說，「但我終於明白，我需要為自己的感受負責。如果我對某人生氣，不代表那個人真的做錯了什麼。是我在經歷憤怒，也是我造成了這種情緒。我不能因為自己有在冥想，就覺得有權利當個混蛋，可以對人大小聲或頤指氣使。我必須清理我自己的『道路』：我的情緒、思想、言談、行為與信念——所有的一切都要由我負責。我不能再怪任何人。」

正如我所說，情緒是會傳染的，而且這些情緒還會影響我們周遭的環境與人。你可以把情緒想成是污染物，或是香水。當我們照顧好自身的情緒健康，無論走到哪裡都會散發香氣，或至少是散播中性的氣味；當我們沒把情緒照顧好，就是在釋放毒素。

要做到真正的自我覺察與徹底誠實並不容易。你可能會像馬克一樣，看見那些自己並不引以為傲的部分，但那正是療癒與情緒主權的關鍵。馬克跟我分享，他現在快樂多了。他學會把生命中的挑戰，視為幫助自己療癒的禮物。

當你愛一個人時，是因為你心中有愛；當你對人友善，是因為你心中有善良；當你對人生氣，是因為你心中有怒火。所以歸根結柢，一切都取決於你自己。

## 用創意展現真誠的情緒

要抒發強烈的情緒，充分發揮創意是一種健康的表現方式。

我五歲的兒子有回要動手術，為此我跟他一起去了外地。在我們出門在外的三個禮拜，我妹妹來當了兩個禮拜的後援。在她離開那天，我兒子一整個大崩潰：「這下子我們真的孤立無援了！」他哭了起來。突然，他喊道：「給我紙！」一拿到紙，他就不停地畫，把所有的愛與悲傷都傾洩在一幅美麗的畫作上，畫的是他自己跟他的阿姨，畫中阿姨的髮型是這段時間她來陪我們時所梳的包頭。隨著畫作的完成，他的情緒也獲得消化。

幾年前，我發現自己也以類似的方式，透過創作來處理情緒問題。當時，我因為工作而搬家，忙碌又具挑戰性的工作讓我無暇獨處或社交，結果我陷入痛苦的孤獨狀態。我不知如何是好，只好做我唯一擅長的事：寫作。

具體來講，我寫了一篇關於如何克服孤獨的文章。至今我仍會收到讀者的電郵，告訴我那篇文章令他們獲益良多。我壓根沒想到用文字創作表達切身的痛苦，最終竟然可以幫助別人。

我寫過生氣時該怎麼辦，是因為當時我也在面對一個令人非常火大的人；我寫過該如何與被動攻擊型的人打交道，是因為我也正在處理這樣的人際關係問題；我還寫過如何面對辦公室的惡意謠言，是因為我也曾是言語霸凌的受害者。

創意性的表達可以轉化自己，也能影響他人，這是一種吸收與處理情緒的方式。儘管情緒的能量可能帶來痛苦，但也可以轉變為自我療癒的力量，甚至成為他人的慰藉。就像進入貝類軟體動物體內的異物，最終會孕育出珍珠，情緒也可以從原始的痛苦進化為真正的美麗。

但你不需要為觀眾創作任何作品，表達情緒的過程本身就是有益的。心理學者詹姆斯・潘尼貝克（James Pennebaker）告訴我們，光是寫下情緒困難之處的行為——他稱為「表達性寫作」（expressive writing）——就能明顯改善人的幸福感和心理健康。以旁觀者或聽眾的身分參與藝術活動，也有助於轉移情緒能量。我們的大腦中有個能對音樂、情緒與記憶做出反應的區域，有些人尤其容易受到特定音樂的影響，像在下敝人我就是如此。（我老公會很小心地別在車內播放鋼琴音樂，以免我會感動到淚流不止。）

有位幫我照顧小孩的大學生保母曾跟我分享，說當痛苦的感覺對她的生活造成干擾時，她就會放音樂，然後隨樂音自由舞動身體，藉此釋放情緒。

## 善用運動與接地的技巧

誠如前述，情緒是流動的能量，舉凡移動能量、燃燒能量或改變能量狀態，都有助於調整情緒。

有時焦慮會讓你渾身發抖，憤怒會讓你血液沸騰，若這些能量無處發洩，任其堆積，只會讓你過度思考或鑽牛角尖。與其爆發、麻木或壓抑，不如利用這股能量來做其他的事，例如：去把廚房怒刷乾淨，怒做一百次拜日式瑜伽，挑戰一堂高強度的混合健身課[4]，躺下來做「睡眠瑜伽」（yoga nidra），或是洗個冷水澡把自己拉回當下。即使這樣做，你的情緒還是無法完全平復，但你也消耗了一部分能量，還獲得一間乾淨的廚房、煥然一新的心境，或是更好的身體健康狀態。

研究顯示，運動不僅有助於改善身心健康，還具有提升調節情緒的能力，能讓你

---

4 CrossFit。由美國前海豹部隊隊員格雷格．格拉斯曼（Greg Glassman）創立的健身品牌，是一種高強度的訓練方式，將舉重、蹲下、跳躍、伸展等日常動作加以變化，並加上重量、速度進行鍛鍊。

體內充滿腦內啡[5]，即刻緩解憂鬱與焦慮，用全新的視角看待問題，也能產生成就感。

然而，別讓運動成為一種癮頭。要是你每天花兩、三個小時練習柔術訓練，導致你忽略與另一半或家人的關係，那麼你就要思考自己是不是利用運動來麻痺、壓抑或逃避情緒。

可以的話，盡量去戶外走走，最好是到大自然中。無論是自然環境，或只是在更廣闊的環境，都能帶給你全新的思維。當我們被受困於房間的四面牆壁內，或是侷限於網路的虛擬世界，就很容易陷入狹隘的視角，忘記自己的問題若放在更大的格局下，其實只是小事一樁。

當情緒特別強烈時，會讓我們被思緒與感受困住，覺得自己與身體脫鉤，失去穩定感。運動可以幫你回到身體內，而置身於森林與海灘等自然環境中，也能達到類似的效果。找塊岩石坐下，脫掉鞋子，赤腳踩在地面上，這就是所謂的「接地」練習。研究顯示，這麼做可以減少發炎、促進免疫、加速傷口癒合，並有益心理健康。

不同的技巧會有不同的效果，依據你的環境和情緒而異。當你在極度焦慮時，舒緩的活動會比高強度的運動（像跑步）更適合，因為後者雖然能帶來腦內啡，但同時也會帶給心臟更大的壓力，並啟動交感神經系統。在這種情況下，選擇呼吸練習、漫步大自然，或是進行溫和的瑜伽，會是比較適合的選擇。

### 掌控情緒的益處

- **更好的身心健康狀態**：健康的情緒是身心愉悅的根本，壓抑情緒會破壞心理健康，並導致身體健康出問題。當你能學會處理而非壓抑情緒時，身心都會因此受益。
- **更好的人際關係**：當你學會如何處理自己的情緒，並意識到別人也有處理自身情緒的需求時，你會變得更善解人意，更有同理心，對別人多一分體諒，少一分批判。
- **更加輕鬆**：情緒像野獸，在未馴服的狀態下可能造成破壞。一旦我們學

5 幸福荷爾蒙之一，也稱為「內啡肽」。

會如何控制與調節，這頭野獸便會為我們所用，並融為生活的一部分，而不是負擔。

- **更有勇氣**：當我們能接受情緒是自己的一部分，就能減少內心的對抗和自責。情緒並不是敵人，而能幫助我們理解自身的需求和願望。拋開「我不應該有這樣的感覺」的負擔，以更開放的心態面對自我，能增強毅力與韌性。

## 主導情緒的行動計畫

### 一、滿足自身的基本需求

回想在第二章中所討論的重點。當你努力接受自身情緒時，照顧好自己絕對是加分的做法。像是：你有睡飽、吃好、運動足夠嗎？你的能量油箱越滿，在管理情緒時就越有掌控力。

如果可以的話，盡量到會讓你覺得放鬆的地方。如果實在無法做到，起碼可以想像自己置身在那裡。好好休息、讓自己獲得營養、補充水分，當我們的生命力變得更強大，一切感覺都會更好。

## 二、療癒，從感受情緒開始

在負面情緒來襲時，一般人的處理方式不外乎發洩、壓抑、逃避或轉移，但這樣做的結果，只會造成情緒能量的累積與反撲。

記住，走出情緒的唯一出路就是穿過它，你需要耐心跟深切地去接受、臣服與自我疼惜，並展現韌性。你可以將之想像成分娩時的陣痛：你正在「分娩」情緒，等嬰兒出生後，你就解脫了。當你允許自己感受這個過程時，也會允許自己療癒。

讓情緒像海浪一樣沖刷你，雖然這樣可能會讓你短暫沉入海水裡，但最終會過去的，你將重新浮出水面，呼吸到新鮮的空氣。

回想你以前也曾經歷過的挑戰與困難，不論你當時感覺有多慘，最終也挺過來了，甚至還從中得到收穫。既然你成功過，告訴自己：這次你也可以做得到。

## 三、健康地轉移負面情緒

情緒是能量，予以引導，將之正確地抒發或表達，才不致讓情緒能量超載，對自己身心健康與人際關係造成不良的影響，或演變成其他的問題。

你可以做一些能發揮創意的事，像是寫下你的挫折或恐懼，也可將它們畫出來，或是透過聆聽音樂抒發。

你還可以移動身體、運動、伸展、跳舞，或給家裡來個大掃除，抑或重新整理架上的藏書，藉此發洩精力。

去戶外走走通常非常有用，到大自然中效果尤佳，因為自然環境有助於緩解焦慮與憂鬱（更多內容詳見第七章）。赤腳走路可以獲得我之前提到所謂「接地」的好處。

另外，你也可以進行呼吸練習。呼吸練習如今已是當紅炸子雞，YouTube等影音平台都有很多技巧教學。我無法替那些技巧背書，我能推薦的就是研究告訴我們管用的東西。

這裡介紹一種方法，可以在幾分鐘內舒緩你的心率，並協助你改變心境。

- 步驟一：深深吸氣，直到肺部完全充滿空氣（比如你可以在吸氣時從一數到四）。
- 步驟二：把氣呼出。呼氣時盡量把時間拉長到超過你吸氣的時間。理想情況是吸氣時間的一倍半或兩倍（你可以從一數到六或八）。
- 步驟三：重複練習五分鐘，觀察效果。

進行上述的練習後，你多半會感覺自己變得更平靜，頭腦更清晰，也會更專注。

在下一章，我還會介紹另一種經過研究，顯示對心理健康與幸福都有很大助益的呼吸法。

## 四、換個角度想，EQ會更好

一個人可以藉由改變自己的心態，進而改變一生。

當你從暴怒、焦慮或驚恐等情緒失控的狀態冷靜下來後，試著從不同的角度看待問題（注意，這只有在你情緒穩定後才會有效，因為情緒會影響我們的判斷）。

比方說，你可能記得過去的挑戰如何讓你變得更堅強、更明智，也許你從當時的處境中學到了什麼。接受當下所有的感受，一個都別放過。只要我們能學會肯定和欣賞這種感受情緒的能力（就像那位曾失去感受能力的退伍軍人一樣），我們對生命的體驗就會有所改變。

有時情緒真的很難熬，但正是那些艱難的時刻，塑造了今天的我們，而那段克服重重困難的經歷，往往讓我們變得更具韌性。

## 五、不自欺，對自己誠實

我們之所以責怪他人，常是為了讓自己心安：因為是別人的錯，就不用面對自己該負的責任。但當我們把錯誤都往別人身上推時，最終受困的會是自己。

你若發現自己時常抱怨時不我與、過得不好都是世界不公平，或是怪誰傷害了自己，請記得要像馬克一樣——對自己徹底誠實，為自身的憤怒與行為負起責任，把屬於自己的「道路」清掃乾淨。

這樣做的重點並不是要你總是責怪自己，而是要觀察你之所以憤憤不平，究竟是發生了什麼事，又是如何發生的。誠實面對內心的感受，繼而透過放下對他人的怒氣，尋找解決的方法，或讓自己釋懷。

## 六、練習表達情緒

有一次，我在表達意見時，話說得重了些。但有趣的是，事後我去靜坐冥想了一會兒，結果感受到難以言喻的幸福與平靜。

我要解釋一下，我體驗到的快樂並不是因為逞一時口舌之快所致，事實上，口無遮攔的莽撞只讓我感到懊悔。我之所以欣喜，是因為我終於釋放長久以來努力壓抑情緒的自由。那股氣，終於不再被憋著了。

想表達情緒，有許多優雅且不傷人的做法，但當時我感受到的放鬆與暢快，確實說明了一件事：當我們充分感受一種情緒，並讓它在體內流動時，我們會感到自由，而這種自由有另外一個名字，就叫「情緒主權」。當你尊重自己的感受並且有能力以適當、平和的方式表達，你就是「情緒自由」的人。

理想狀態下，感受情緒並不一定等同於混亂與破壞，但當我們第一次嘗試某件事情時，都會像蹣跚學步的小孩一樣，笨拙且不完美。因此，練習至關重要，而練習的本質就是充滿反覆嘗試和失敗，這就是學習的過程。請對自己（和別人）有點耐心。

【寫出你的詩歌】

拼湊內在碎片，重新成為完整的人

你生來就被教導要感到羞恥，
不只是對自己的行為，甚至還得以自身為恥。

他們要你覺得不可以做自己，
不可以犯錯，
不可以感覺自己的感受，
不可以生氣、難過、嫉妒或悲傷，
否則你一定是什麼地方有問題。

於是，你一點一點地與自己分離。
你躲進殼裡，一個你設法讓外表看起來完美的殼。
你金玉其外，內心卻在哭泣，覺得自己就像個騙子。

你的任務是拾起那些碎片。
把所有遺失的自己，一片片地撿回來，
然後對它們輕輕吹入生命的氣息。

你低聲對著碎片說道：「沒事的，小傢伙。我會罩你們的。」

然後，你用「愛」，慢慢但堅定地喚回它們的生命。

你身上那些曾經無感、冰封、麻痺的部分，

會在你持續且穩定的自我接納和愛的擁抱中，再次變得溫暖。

你對自己的愛將如同膠水，重新黏合自身的拼圖碎片，

讓你完整而全然地被癒合如初。

# 第四章

# 成為心智的主人

人們的心智很容易受到影響。你可以這麼想：你專注在什麼東西上，就會成為什麼。比方說，看完電影，裡面的畫面與故事會在你腦海中縈繞數小時。（或是跟我一樣，甚至長達好幾天！）

「烙印」在某種程度上是社會制約，當中包括：我們的家庭、祖輩與所屬社群的宗教、政治與哲學觀點；我們從文化中習得的各種觀點；以及這些觀點受到我們的社經地位、性別、種族所影響的諸多觀念。

此外，我們也會從生活經驗中累積烙印，像是對我們有特殊意義的人際關係與大小事件等。有些烙印會令你永生難忘，有些則會隨著時間被慢慢淡忘。有些影響是正面或中性的，有些則具有破壞力。

一旦烙印限制你的觀念，傷害了你，或是阻礙你發揮最大的潛力，那它們就變成問題了。

## 刻在心底的負面思維

人們之所以生病、健康、成功、失敗，都取決於他的心智。可以說，一個人烙印在心智上根深柢固的想法，決定了他的命運。

## 史妲的故事

我第一次見到史妲時，就完全被她折服。

史妲是來參加「耶魯女性領導力計畫」（Women's Leadership Program）的企業菁英，她充滿魅力、才華洋溢且充滿熱情。我跟所有的同學都清楚意識到，她是潛力雄厚的領導人才。但她自己卻渾然不覺，只因她內心一直抱持著一個陳舊的觀念。

她解釋說：「身為一名黑人女性，我曾認為最重要的事，就是要有安全感……我會這樣想是有原因的。我聽過太多同類的故事：她們或許過於成功，野心太大，結果遭受有形或無形的打壓。她們什麼都沒做錯，只因為身為黑人女性，就被無情對待，不會獲得任何憐憫與寬恕，所以我也一直在尋找能安全自保的地方。此外，在黑人社群裡還經常聽到一種說法，其他邊緣化社區可能也有類似的觀念，那就是：『你必須付出兩倍的努力，才能獲得別人一半的成果。』結果，我發現自己比照同樣的做法，待在一個『安全的地方』，付出『加倍的努力』，只得到一半的回報。問題是，這樣的心態，讓我深信自己一旦犯錯，就活該倒楣會有壞事發生在我身上。這種恐懼成了一種自我實現的預言，因為我太焦慮了，生怕自己會出什麼差錯，結果無法專注在真正該做的事情上。而關鍵就在這裡……如果你有上述這一切的感覺……那你根本就不會有安全感。」

史妲抱持的這種觀念，讓一心想尋求安穩的她在政府部門裡擔任律師，一當就是十三年。她表示在政府單位工作也沒什麼不好，畢竟，有個賞識她的長官推薦她參加耶魯的女性領導力課程——以政府的培訓預算來說，可算是大手筆了。但她內心深處還是渴望能一展身手，晉升至她自知有能力勝任、也理當應得的更佳職位。

史妲所描述的情況，就是一種「心智烙印」。研究顯示，我們的大腦會深受過往所見、所聞或所學的影響，許多經驗都會以有意識或無意識的形式被刻入記憶中，並由此萌生信念、觀念與假設，讓我們以此為導航，在這個世界闖蕩。

除了讓心靈以特定的方式思考、解讀自身的處境，或是評斷自己和他人之外，心智烙印還會形塑——甚至徹底扭曲——我們對於事情的認知。

在為期一週的耶魯課程中，史妲開始深思，她質疑自己既有的信念。對此，她描述道：「我正在腦海裡跟長年被灌輸的觀念奮力對抗。我內心有個聲音在說，我根本不需要加倍付出：我只要做真實的自己就已足夠。」

課程結束幾個月之後，我收到史妲傳來的訊息。她不僅大膽跨出舒適圈，申請到私人企業任職（對於一個長期在公家機關工作的資深公務員而言，這可不是件容易的事），並且還收到多個錄取通知。而且對她賞識有加的公司可非等閒之輩，還包括名列《財富》雜誌的百大企業。

事實證明，一旦史妲意識到她的信念所造成的自我設限後，就拒絕讓它繼續控制自己。在跳脫舒適圈的挑戰中，她轉換了工作與行業，新公司也提供幾個不同的職位供她選擇——一個是法務（這是相對「安全」的選項，畢竟法律是她駕輕就熟的工作領域）；另一個是擔任副總經理，得做她從未接觸過的事務，付出大量的心力學習。你猜她選了哪一個？當然是後者，而且現在的她表現非常出色。

我想澄清，史妲之前那種限制性的信念，並不是她的過錯或責任；她的心智烙印是創傷造成的結果。對她而言，重點在於要了解她現在可以做什麼改變，避免讓這些印記妨礙她成為真正想要的自己。

## 被束縛的心靈

我們的大腦會不斷累積心智烙印，你專注的事情，最終會形塑成你這個人的樣子。就像看完一部電影後，畫面和情節會在你腦中盤旋良久。

烙印就像是一副眼鏡，透過它我們理解這個世界，解讀人生，也影響我們與他人互動的方式。從這個意義上來說，它就像一種控制著我們的心智程式。

該如何判斷某種印記是否具有破壞性呢？很簡單，就看它是否對你造成無形的枷鎖，例如：儘管不是處於生死攸關的境地，你仍會感到莫名的恐懼、焦慮、憤怒或不適。像是你在上台演講或第一次約會前感到極度惶恐，很可能就是某種烙印在作祟。如果你像史妲一樣，將自己困在一份工作、關係、住處，乃至於你知道自己早就該拋諸腦後、但至今仍讓你痛苦不已的往事中，那麼背後的藏鏡人應該也是某種錯誤的觀念，它控制了你，讓你作繭自縛，妨礙你主導人生的能力。

十年前，身為學者的我在耶魯與史丹佛大學擔任教職，事業如日中天；此外，我還在TEDx系列活動中發表演講、受邀參加美國廣播公司晨間節目《早安美國》

（Good Morning America）成為幸福專家的來賓多達十次、撰寫的《今日心理學》（Psychology Today）專欄有超過五百多萬人次的點閱率、書籍處女作《你快樂，所以你成功》在美國與全球各地銷售突破五萬冊，譯本多達十四種語言。從外在標準來看，這些或許都是成功的象徵，但是……

在身體上，我卻在枯萎。我的健康狀況處於史上新低，搞得我必須把大部分時間都用來休養。我每天都在自責，因為我沒辦法照顧還在蹣跚學步的老大，以及剛剛出生的老二，我的動力輸出只剩以前的一小部分。雖然我堅守在《我快樂，所以我成功》一書中所介紹的那些做法與原則，但我仍缺乏一個關鍵因素，那就是我的主權。我當時被具有破壞性的烙印束縛，並為此付出了代價。

## 烙印，是看不到光的心靈黑洞

心智烙印分為兩大類別，一類是我們從人生經驗中習得，另一類則是我們在媒體與訊息中獲得。

在此，我將逐一討論有哪些束縛我們的烙印，然後再說明可以如何突破，擺脫束縛。

## 一、創傷烙印

我們印象最深刻的一些烙印，當然是源於過往那些艱難的時刻。事件越是情緒化——尤其是極度負面的情緒——大腦就越可能對此念念不忘。說穿了，創傷就是一道極其深刻的烙印，是一段未被消化的經歷。

生死攸關的處境也會造成令人痛苦的烙印。我有次跟一群朋友散步，正準備過橋時，朋友之一的荷西，他額頭突然開始冒汗。原來他曾於美伊戰爭中服役時，在橋上經歷過爆炸，倖存生還。他在理智上知道此處是安全的，但「橋樑＝危險」的連結，仍強大到超出他的意志所能控制。

我們或許未罹患創傷後壓力症候群，但幾乎每個人都曾經歷過困境，像是車禍、突然失去重要的事物、離婚、失敗、被人拒絕等，這些痛苦的經驗也會以印記的形式留在我們心中，變成一種對於失敗的強烈恐懼，讓我們活在過往的枷鎖中且難以掙脫。

安妮莉絲是紐約市大都會歌劇院芭蕾舞團的舞者，儘管她在舞蹈方面非常成功，但她對害怕失敗仍有揮之不去的恐懼。每次上台表演前，飆升的腎上腺素就會讓她全身緊繃，一整天毫無食慾。在表演結束後，她還會嚴厲的自我批判，不斷回想當天表現的失誤或不完美。她的身心受困於恐懼與自我攻擊不斷交替的惡性循環中，也使她無法好好享受得來不易的舞者生涯。

## 二、文化烙印

我從小在巴黎長大，乍聽之下，這樣的成長經歷很迷人，但巴黎街頭的哲學會讓你覺得事情總是一團糟，好像世界末日即將來臨。因為人們經常藉由抱怨跟發牢騷來聯繫彼此的感情，你就算不說法文，也應該聽過法文裡有句「嗚啦啦！」在美國，這話是用來表達正面的事情，像是有人看起來很美很帥，我們就會這樣說。但是在法國，嗚啦啦後面接的都是壞消息。「嗚啦啦，這什麼鳥天氣！」「嗚啦啦，這什麼爛交通！」「嗚啦啦，那些討厭的政客！」「嗚啦啦，那些討厭的美國人！」「嗚啦啦！這是什麼爛人生！」

即便是擺pose拍照時，法國人也是一副臭臉——就像法國廣告中的名模，略帶憂鬱的表情被認為是最美的，美其名為性感的噘嘴。至於對學生，老師的評分是很嚴格的，沒有人會得滿分，所以從小你就會覺得自己永遠都不夠好。若你膽敢制訂任何樂觀的計畫或夢想，別人可能會說「ça ne marchera jamais」，意思是「別想了，你絕對不可能成功的」。如果這不叫潑人冷水，什麼叫潑人冷水。

但搬到美國後，我見識到一種截然不同、且更振奮人心的人生觀：天下無難事，只怕有心人。只要你願意努力，世上就沒有做不到的事（難怪美國會發明出像Slugbot這種在花園吃蛞蝓的機器人，或是像Parihug這種用WiFi連線的泰迪熊，可以替你擁抱遠方的親人）。法國人總說美國人太天真了，也許有一點吧！但能以希望替代憤世嫉俗，我覺得很棒。美國人的人生觀，真的更具活力，也讓我很受用。

有很長一段時間，我不太確定法國人這種憤世嫉俗的刻板印象是否只是我個人的感受，但後來我聽到我高中同學賈斯汀・吉爾貝（Justin Guilbert）在podcast說道：「身為一個法國人，你會活在一個什麼事都不太可能做到的世界裡，這就是我們的文化……對法國人而言，每件事都超困難的，充滿挑戰，你會停滯不前……然後你來到美國，所有人都一副『做就對了』的樣子。然後你就會想：『蛤？做就對了？什麼叫做就是了，你們連想都不想，就這麼隨便的嗎？』」

然後事情還真的就成功了。他有樣學樣，創辦了主打有機認證的「無害收穫」（Harmless Harvest），跟名字嚴格說來有點難聽的 Bravo Sierra（這兩個字分別代表B跟S，合起來就是bullshit，「狗屁不通、胡說八道」的意思）這兩家公司，成為優秀的職業創業家，經營具有社會影響力的企業。

別誤會，我不是說生在法國有什麼不好，事實上能在法國成長是件很棒的事。法國有傲人的歷史、文學、詩歌、藝術、美景和長棍麵包，也為我留下極正面的影響。至於美國，也不是一點毛病都沒有。美國最常見的文化烙印，就是那種「你的所作所為決定你是誰」，而且要努力做到死，我可是花了好些時間才消弭這種觀念（不信你去問我老公）。

我想說的重點是，我們身上確實帶著一些文化烙印卻不自知，這些印記會影響我們看待世界的方式。像我就是到了美國，看到完全相反的情況，才意識到自己具有自幼在法國耳濡目染形成的悲觀與厭世。

能將我們從有害烙印中解放出來的第一樣法寶，就是之前我一再提及的「覺察」。一旦你意識到烙印的存在，像是史妲或像搬到美國生活的我一樣，那種印記對你的控制力道就會減弱。只有當你毫無自覺時，它才會成為一種思想控制。

## 三、「應該」的烙印

「應該」、「理所當然」、「本來就是這樣」……等，也是種文化烙印，同樣會控制、甚至傷害我們。

有次我登入臉書，瀏覽耶魯校友群組時，我震驚地發現，管理員提出了一個沒有惡意的提問，竟有那麼多令人難過的類似答案。那個無心之問是：「你的職業是什麼？對於想要進入該領域的人有何建議？」大部分的回答是來自醫師或律師，但其實他們都有點答非所問，多是在陳述當初挑工作時，一心只想著自己「應該」選擇具有高收入與社會地位的職業，但現在他們卻恨透了自己的工作。他們年輕時過於短視近利，只想追求物質上的成功，日後卻毀掉自己的人生，因此他們現在誠摯希望年輕校友們不要僅憑金錢或地位因素去規劃職涯。

那麼，如果你已經屈服於生命中所有的「應該」，做了所有「正確」的事，也成為一個成功卻憎恨生活的人，那該怎麼辦？

女性辛苦的地方，是她們「應該」一輩子看起來都要像十七歲；男人之所以痛苦，在於他們任何狀況下都「應該」堅強，不能表現出軟弱的一面。而小朋友也逃不過：他們「應該」總是乖巧聽話。這些印記簡直是酷刑，既不切實際，也不健康。

我曾跟我媽聊到我碰到一個很難搞的同事，我需要跟這個人設立更明確的界線，但又擔心自己會下手太重，畢竟我還是不想顯得不友善。聽到這裡，我媽問了：「你有必要一天到晚當好人嗎？」嗯，這我倒沒想過，不過她說得沒錯。

在美國，我們都被烙下要當個好人的印記，尤其如果你是女人，那更是寧可有苦往肚裡吞，也萬不可變成別人眼中的惡人。我母親住在巴黎，巴黎的女人可不會遇到這種難題（任何去過巴黎旅遊的人應該都會同意她們是多麼率性自我）。

有趣的是，雖然我媽媽就是那種不會勉強自己討好別人的巴黎女人，但我在法國長大的那些年，真正學到的卻是另一套規則：我應該謙虛、順從、努力融入、群體。

反倒是來到美國後，我才發現，我應該以自己為榮，應該設法脫穎而出，應該讓別人聽見我的聲音時，我整個懵了。所以，「應該」是個相對的概念，而不是絕對的真理；「應該」代表的只是一種觀點，是一家之言。

正如我那位直言不諱的麻吉摩莉亞所說，她一針見血地表示：「所謂的『應該』，根本就是個屁！」

順帶一提，關於「應該」印記的這一整個渾事，並不是誰的錯。被「應該」二字牽著鼻子走，是任何人都會遇到的事情。想想那些不到十歲的孩子，他們看什麼都是睜著一雙大眼睛，這不只是他們天真無邪可愛，而是因為他們真的睜大眼睛，想把這個世界看清楚。他們正透過吸收一切來理解世事。他們的大腦正在以極快的速度發育，為的就是在盡快學會人生的道理。不論他們因為做了什麼事情而獲得獎勵，他們都會牢牢記住。所以在長大後，我們自然會繼續適應並符合社會的期待，有時甚至會讓自己受點委屈，也就不足為奇了。

## 四、媒體烙印

大多數人都沒意識到，我們每天在不知不覺中，大量吸收著各種烙印——每天從各種媒體管道（電視、podcast、社群媒體、訊息、娛樂等），接收到的資訊超過六萬GB，這個數據量足以讓一台小電腦在一個禮拜內當機。

你知道當你在觀看網路新聞、隨機推播的教學影片，或是抖音的跳舞短片，手機滑到忘我的時刻，這些時間你可以拿去幹嘛嗎？你原本可以去辦正事，像是跟小孩享受天倫之樂，去運動，去煮晚餐，幫快渴死的植物澆水。但你沒有，因為這些科技狠活逮住了你的弱點，讓你網路成癮了。

有研究顯示，人們想要查看社群媒體訊息的衝動，甚至比性欲還強。你知道這是為什麼嗎？這是因為有一群聰明絕頂的人，利用最先進的大腦運作知識，並研究行為學，設計出這些手機上的體驗，來控制我們的注意力，盡可能讓我們上癮。這些研究與我在第三章提到「大腦陷入的成癮循環」有關，然後科技業者再根據這些研究成果去設計產品。他們這麼做的動機是什麼？當然是為了多賣一些廣告版面。不然勒？

娛樂媒體也是如此。前哥倫比亞廣播公司（CBS）與國家廣播公司（NBC）節目部經理傑夫・薩根斯基（Jeff Sagansky）表示：「做電視的首要任務從來都不是為觀眾播出高品質的節目，而是想辦法把觀眾變成廣告商的顧客。」

在不知不覺中，我們心甘情願地點擊滑鼠，成了順從的消費者。我有一些印度朋友的家庭是二十世紀某位印度神祕主義者的信徒，他們說這位先知曾做出這麼一個令人毛骨悚然的預言：「五十年後，你將把造成你痛苦的根源握在手中。」這實在很難不讓人認為他是在指我們的數位裝置。

有趣的是，研究顯示，大部分的人其實並不喜歡電影中過於暴力或情色的內容。那為什麼相關的訊息還是那麼多呢？答案是：廣告商主觀認為觀眾喜歡這些東西，所以他們更願意把廣告投放在與暴力及性愛有關的內容中，於是製作人就為了廣告商創作更多這樣的劇情。沒錯，決定製播方向的主因並不是觀眾的喜好，而是廣告業主的想法！

與此同時，觀眾的大腦吸收了暴力的印記，導致人們更衝動易怒，尤其是年輕人，他們在長大後更可能具有攻擊性。放送暴力內容的媒體，也證實會增加青少年的焦慮。

我曾經在一場派對上，看著綜合格鬥的比賽就這樣大剌剌地被播放出來。大人們都在交談的同時，我的心卻碎了，因為我看到主人家五歲的小朋友就貼在電視前面，全副身心都吸收著螢幕上那兒童不宜的一切：兩個凶神惡煞的成年男子在觀眾的歡呼聲中互毆。傳遞給這位小朋友的，是什麼樣的訊息呢？

## 五、新聞烙印

伊拉克戰爭爆發時，我人在法國探望父母。當時，美國與伊拉克是敵人，而法國與伊拉克則是盟友。這麼一來，兩國報紙對這場戰爭也賦予了南轅北轍的標題。美國各報登出了伊拉克老太太熱烈歡迎美軍士兵的煽情照片，而法國的《費加洛報》則刊出一張令人心碎的照片，畫面是巨大爆炸後的斷垣殘壁，還配上一個讓人沉痛的標題：「巴格達慘遭轟炸」。同樣的客觀事實，不同的主觀看法，迥異的框架，產生了天差地遠的新聞。

一九八三年，美國大多數的媒體控制在五十家公司手中。如今，由於公司合併，掌控你接收大部分資訊的公司，已經降到六家。儘管仍有些獨立媒體，但你必須主動去找到它們，並了解它們的立場。新聞報導或許是基於真實的事件，但報導本身是一種詮釋，而詮釋就屬個人意見。

這裡的重點不在於媒體有多邪惡，或是媒體業遭到何等程度的壟斷。這裡的重點是「覺醒」，唯有如此，我們才能成為有判斷力的消費者，看穿你所吸收的訊息與印記背後有什麼真相，認清它們的本質：那是有人精心策劃的視角，為的是圖利某些特定人士。

我從一九九九年到二〇〇一年都住在中國。每次翻開《南華早報》或其他的中文報紙，上頭的標題都是正面的，所有的一切總是進展順利，就像被套上了粉紅濾鏡。在我們上普通話的課間休息時間，我和其他國際學生會一起喝茶，笑談那些過於樂觀的標題。

然而回到法國與美國之後，我發現新聞報導怎麼也是一個模樣——只不過方向正好相反。社會上每件兇殺案與虐童案都被報導得鉅細靡遺，讓人看了非常不舒服，覺得駭人聽聞的罪行才是常態。

所以到底是中國還是美國的新聞比較「真實」呢？可能兩者皆非吧。哪一種又是思想控制呢？兩者皆是。兩邊的媒體都在做著同樣的事情：刻意聚焦在單一類型的事件上（不是過度樂觀就是過度駭人），藉此在觀眾腦海中留下特定的觀點。

就像觀看舞台劇時，當聚光燈只打到一個演員身上時，你會以為舞台上只有那一個人。但如果你知道是燈光師在操控著聚光燈，讓舞台上分成明暗分明的兩邊，那你就會意識到，你眼前看到的只是一部分景象。

為什麼我們的新聞會集中在負面事件上——殺人、災難、暴行等？因為恐懼會觸動我們的交感神經系統，導致壓力，這種刺激能吸引你的注意力，讓你上癮（然後順便瀏覽了一堆廣告）。

我有位鄰居天天盯著美國的新聞看，結果她被嚇到心神不寧。新聞報導聚焦於那些罕見且並非常態的暴行，讓你以為外界遠比實際情況危險得多，你被嚇壞了。難怪研究顯示，過度關注高強度的新聞內容會增加罹患創傷後壓力症候群的機率。

我還有個耶魯的同事，對我坦言他長期失眠。他一臉疲憊，感覺壓力大到不行。

我很替他難過。我問起他就寢前有沒有什麼習慣，他說他都是邊看電視邊睡覺。難怪！當你每晚都專注在悲傷又駭人的事情上，觸發自身的內在警報系統，怎可能安然入睡？

無論你在睡前聽到或讀到什麼，都會在腦海中留下最深刻的印象。研究顯示，我們在臨睡前學到的東西，隔天的記憶效果最好。那麼，睡前你選擇用什麼來設定和調整你的思維呢？

神經科學研究也顯示，負面資訊會影響大腦的思考、推理與執行認知任務的能力。我們每天都從新聞等各種管道吸收到許多負面資訊，要是我們遠離這些內容，我們的行為表現與思考能力可能會好得多。

## 一場車禍，改變我的人生價值觀

在我大學最後一年，我跟同學艾黛兒開著一九八〇年代的手排Volvo，去佛蒙特州滑雪。回程遇到暴風雪，在我們前面的是輛聯結車。事情發生時，我們正行駛在上坡路段。

故事說到這裡，你應該已經猜到，結局並不好。我完全無法控制方向盤；車子打滑了，衝到對向車道，連續翻滾了三圈，車子才四腳朝天地停下來。奇蹟般地，我們竟都安然無恙！但經過這件事，我們整個人都徹底改變了。

接下來的整整二十四小時，我跟艾黛兒都處於一種難以言喻的亢奮狀態。我們無法理解為什麼期末考會讓同學們的壓力那麼大，光是還能活著就讓我們欣喜若狂，感激涕零了！這世上若真有天堂，當時我們肯定就置身在那裡。我們內心完全擺脫所有沉重的束縛，徹底獲得解放，處於一種自由、喜悅和平靜的狀態。我們體驗到何謂真正「擁有心智主權」。

這就是何以某些智慧傳統，像是藏傳佛教或古希臘哲學裡的斯多噶學派，都習慣思考死亡與無常。這乍聽之下很沉重，但其實不然。真正理解生命的短暫，有助於你獲得心靈的自由，因為你會真正明白什麼東西重要，什麼東西不重要，同時也會意識到生命的苦痛與美好、困頓與喜悅、現實與無常。

佛蒙特的那場意外，讓我走上尋求心智主權的道路，這就是我進入心理學領域的契機。此外，我被中國與西藏那些儘管生活艱難、內心卻仍無比自由的長者所吸引，因此攻讀印藏佛教的碩士學位。還有，我研究呼吸法的益處，堅持冥想習慣長達二十年，並定期參加冥想的靜修營，讓自己長期浸淫在智慧裡。這些方式，都是為了重返、並持續培養當初從鬼門關回來後，那二十四小時內曾擁有的心智自由狀態。

## 心智權限升級

我們的心靈就像一面鏡子，它反映了我們擺在它面前的東西。如果不定期清理，它就會被過往的經歷與經年累月的資訊，蒙上厚厚一層灰塵。

想要掌控人生，就要清除鏡面上的灰塵，解除有害的烙印，培養更深的覺察力、辨識力和清明的心智。然後再用高品質的心智烙印來滋養自己，以鞏固你的內在主權。

## 清除內在印記

自童年以來，層層的烙印就不斷填滿我們的心靈。我們會清潔身體、打掃房子、擦拭電腦螢幕，卻忘了心靈也需要清理。

卸除烙印可以讓你成為自己的主宰者。如果你的印記消失了，事情與情況就無法再按下你的情緒按鈕。沒有任何處境是自帶壓力的，處境是一種你對它的感知方式。就像紐約市並未改變，變了的是我；舞台並未改變，變了的是安妮莉絲；橋也未曾改變，是荷西變了。

表觀遺傳學研究顯示，沒有痊癒的創傷會代代相傳。人生經歷過創傷事件的父母，或是患有創傷後壓力症候群的孩子，其後代也較可能罹患創傷後壓力症候群、憂鬱症或焦慮症，他們的遺傳特徵會更脆弱、更敏感。這就是為何治癒自己非常重要，只有把自己治好了，創傷才不至於禍延下一代。

## 培養覺察力是奪回主權的第一步

我曾跟史妲聊到她是如何擺脫多年來束縛她的信念，並找回心智主權。她分享了這樣的觀點：「你必須面對那些限制你的觀念，為它命名、拆穿它的真相，讓它的毒性無所遁形，才能奪走它的力量。這並不容易，但你必須勇敢面對它，並認清它並不是真的。」

看到了嗎？這裡提到的覺醒與勇氣，正是我們在前面介紹過的主題。這是一個很簡單的公式：覺察＋勇氣＝主權。這個公式適用於本書談到做「自己的主人」時的每個面向。

你必須與自我厭惡的傾向正面交鋒，以獲得自我的主權（見第二章）；與你的情緒正面交鋒，擺脫壓抑和成癮的習慣，以獲得情緒主權（見第三章）；並且與你內心的烙印正面交鋒，以獲得心智主權。

須知如果你沒有意識到烙印的存在，它們就會控制你。正如史姐所言：「那些能力強大、聰明絕頂、本事傲人的人，怎麼會突然就覺得自己什麼都辦不到了呢？這種錯覺是從何而來？何以我們的大腦會創造這些不真實的妄想和毫無根據的惡夢？如果你自覺被關在監牢裡，就必須問問自己，牢籠的牆壁是否真實。」

當你開始反思自身有哪些有害的印記時，也可以想想是什麼讓你感覺受限、受困：是別人都想害你的信念？或是你自認為有不足之處，又或是不夠好、缺乏歸屬感，甚或身處險境中？

再來看看自己渴望什麼，是關注、認可、金錢、性，還是權力？想想你都害怕什麼：擔心遭到羞辱、怕被拒絕，還是怕黑？又或是對於你在電影或新聞中看到的事情感到恐懼？一個人可能背負無數的印記，你需要逐步探索自己的內心來找到答案。

## 紓解壓力的天空呼吸冥想法

光靠純粹的覺察與認知策略（像是在談話治療中的那些建議），很難清除創傷印記，因為它們往往被深埋在身體裡，體內的創傷印記比心智烙印還要強大，這就是為何透過以身體為導向的練習（例如呼吸練習）如此重要的原因，因為這樣才能鬆動創傷。

我在威斯康辛大學麥迪遜分校擔任博士後研究員時，在研究中發現傳統治療方式（無論是藥物還是心理治療）對許多罹患創傷後壓力症候群的退伍軍人都效果甚微。因此，我和同事進行一項隨機對照的實驗，測試名為「天空呼吸冥想」的練習，對於從伊拉克與阿富汗戰爭返國、飽受心理創傷的退役軍人的影響。

我們與一個名為「歡迎戰士返鄉計畫」（Project Welcome Home Troops）的非營利組織合作，免費提供退伍與現役軍人練習天空呼吸冥想課程（該課程是由名為「生活藝術基金會」(Art of Living Foundation)的非營利組織負責教授，授課對象為非軍人)。

在此項研究中，有許多退伍軍人罹患極嚴重的創傷後壓力症候群，他們得躲在地下室抽大麻或酗酒才能緩解，例如視橋樑為洪水猛獸的荷西就是其中之一。他們很多人都無法完成學業，即使勉強保住了工作，但因為常會忍不住暴怒，或是得靠酗酒、吸毒助眠，而導致婚姻破裂。還有些人服用了大量的藥物，搞得整個人變得呆呆笨笨的，無法正常生活。

我們發現，在練習一週的天空呼吸冥想後，退伍軍人的焦慮程度與未接受任何練習的對照組相比，降至了正常範圍。我永遠記得荷西在上完天空呼吸冥想課程後對我說的：「我昨晚不靠大麻就睡著了。」那是他從伊拉克返美後，第一次不依賴任何藥物或毒品就能入睡。

最讓我們驚訝的是，即使一年後，這些退伍軍人的焦慮程度仍舊保持在正常值，這表示他們處於長期的康復狀態中。事實上，儘管大部分的人並未持續練習，但他們此時的狀態已經不符合創傷後壓力症候群的診斷標準。

幾年後，我與帕羅奧圖榮民醫院合作，進行更大規模的研究，將天空呼吸冥想與另一種標準的創傷後壓力症候群療法——即「認知處理治療」（cognitive processing therapy），進行比較。結果顯示，天空呼吸冥想不僅對於治療創傷後壓力症候群有類似的效果，在情緒調節能力方面也更有助益。

如果你不想談論自己的創傷，或是心理治療對你無效，那麼呼吸練習或許就是你需要的答案。我們研究中的許多退伍軍人都曾經歷極其可怕的事件，他們寧死也不願再提及。還記得開篇第一章的瑪雅嗎？她在國民警衛隊中服役，並在伊拉克戰爭中被上司逼迫成為軍妓。她就覺得不需直接面對創傷，只要透過呼吸練習就能釋放自身的黑暗情緒，是件很令她受用的事：「這就像是解放了靈魂的束縛，可以釋放情緒，而無須刻意面對。」

我對天空呼吸冥想之於創傷的療效有深刻體會，是在九一一恐攻後不久。那時我正在曼哈頓攻讀研究所，事發當時我從住處的屋頂親眼目睹了第二架飛機撞進雙子星大樓的景象，從那天起，我每天早上都會焦慮不安。

我試過許多辦法試圖改善，像是正念練習，卻引發我恐慌症大發作；熱瑜伽可以讓我的肌膚煥發光彩，並練出了六塊肌；還有進行淋巴引流按摩，這可能有助於排除九一一後曼哈頓因污染所造成的毒素，然而這些做法並未帶來持久的平靜。我還參加紐約市「西藏之家」（Tibet House）由佛教僧侶舉辦的許多講座，利用類似潛移默化的方式，只為獲得內心的平靜，但我總是無可避免地會回到原點，然後坐在我位於三十四樓小小公寓的地板上，納悶著到底要怎麼做，才能不再心驚膽顫。

直到有天我偶然發現天空呼吸冥想，終於重新體驗到久違的平靜。二十年來，我從未間斷過天空呼吸冥想練習。

還記得患有嚴重舞台恐懼症的芭蕾舞者安妮莉絲嗎？她就是在哥倫比亞大學教我天空呼吸冥想的老師。她在發現這種練習有助於克服舞台恐懼症後不久，就開始教授天空呼吸冥想法。正如她曾經透過鍛鍊身體，來獲得運動能力的主權，現在她也找到利用訓練神經系統的方法，打造更為堅實的韌性基礎，以獲得情緒主權。

安妮莉絲意識到她的心靈創傷完全康復，是在她必須臨時頂替一位生病舞者上場的某個夜晚。那晚的劇碼是《凱撒大帝》，舞台布景是一個幾乎快頂到大都會歌劇院天花板的巨大羅馬建物。其他舞者急匆匆地告訴她，要她走到建物後面，然後急轉向右進入舞台。她依照指示，但很快就發現自己動彈不得。嚇壞了的她拚命想往前邁步，但就是動不了，原來她的舞衣被布景鉤住了！當她再次用力拉扯衣服，想繼續表演時，也把那棟高聳的羅馬建物隨之往前拖動。結果，在紐約市最大的舞台上，她身上就這樣鉤著巨大的布景，在數千名觀眾的眼前完成表演。

若是在以前還未學習天空呼吸冥想時，安妮莉絲應該會因為出了這種差錯而崩潰，甚至不敢再參加排演。但這次她一回到後台就忍不住放聲大笑，完全不以為意。

身為科學家，我們自然樂見某種干預措施能發揮效果，但接下來的問題是，它與其他廣為人知的干預措施相比如何呢？為了測試這一點，我們讓壓力山大的耶魯大學生隨機接受三種干預手法的其中一種（天空呼吸冥想、正念冥想、ＥＱ），或是參加對照組。結果發現，與對照組相比，天空呼吸冥想組在心理健康或幸福感方面，都顯示效果優於其他干預措施。這種結果可能的原因之一，是正念與ＥＱ主要是認知練習，而呼吸練習不僅能平靜思緒，還可以深度舒緩生理機能。

亞利桑那大學的邁可・葛斯坦（Michael Goldstein）也曾進行一項非常類似的研究，他將天空呼吸冥想與壓力管理訓練進行比較，發現天空呼吸冥想的效果可以延續三個月。

此外，他讓受試者身處高壓環境中努力追求表現，藉此測試人的抗壓性。與壓力管理組相比，天空呼吸冥想組在呼吸與心率上都保持穩定，這意味著該呼吸法可以在人們身上建立抵禦預期壓力的緩衝能力。

## 找到適合自己的冥想法

在學會天空呼吸冥想的呼吸技巧後，我變得冷靜許多，也更進一步嘗試了其他形式的冥想。

冥想與其他的沉思活動，能讓你從「思緒受困者」，變為「思緒觀察者」，這有助於你看見深植於內心的烙印，那些印記的本質不過是想法、記憶、情緒與主觀判斷，你只要面對它們而不做出反應、不參與或不予以強化，它們的力量就會逐漸消散。也就是說，掌握「冥想」這把鑰匙，就能培養覺察力。

冥想有很多形式，但在西方最受關注的，莫過於正念，因為它是被研究最多的冥想技巧。學術界之所以如此感興趣，是因為它採用了科學的方法，包括：一、觀察你的思想；二、保持客觀的態度；三、不加以批判。

如我之前所言，在我為九一一恐攻之後的焦慮所苦時，我嘗試過正念練習，但並不適合我。布朗大學教授威洛比・布里頓（Willoughby Britton）也曾探討正念對於創傷患者可能帶來的副作用。當我的創傷問題解決後，正念就不再讓我產生不良反應了，但我覺得它會讓我困在大腦層面，而我身為科學家和作家，本來就已經花了太多時間在「思考」了，所以我更喜歡能讓思緒平靜的冥想技巧，而不是過於認知導向的方法。

我覺得「自然三摩地」（sahaj samadhi）這種源自吠陀傳統的靜心法，或是某種導引冥想（我會使用薩埵App）都有助於我平靜思緒，進入平和狀態，所以我自覺跟這些冥想技巧更合拍。

由此證明，若是你試過冥想但感覺沒效，問題或許不在冥想本身，而是你選擇的冥想方式。你可能得嘗試不同的技巧，找到適合自己的方法。

## 感受寧靜，隔絕外界干擾

曾經有段時間，我到一處沒有任何虛擬世界可以分散注意力的地方。當時的我會在鳥鳴啁啾聲中醒來，感覺無限的時間在我眼前展開……我可以全然覺知地活著，一連好幾個小時埋首書本，浸淫在對自然的觀察中，驚嘆於天空的壯闊，或是潛心從事工作或研究，也能專注與人相處。除此之外，沒有其他干擾。

或許你也曾經歷這樣的時光，至少有這樣的童年——前提是，如果你是成長在一個還沒有手機的時代。

現在的我得刻意地為寧靜騰出時間，我會參加為期三天的靜坐冥想活動。最有趣的是，在閉關期間，我可以感覺到一開始自己的內心有多喧囂忙碌，然後就像是一團緊緊纏繞的束縛，終於逐漸鬆綁。

事實上，我原本對這種「心靈拆解」的過程感到非常不安，以至於我在第一次的閉關期間就直接落跑了。第二次，我差點又要逃跑，但那個年代還沒有Uber，我找不到車離開。然而當我把閉關撐完後，我感受到前所未有的平靜與幸福，當場就報名了下一場活動。現在，我每一季都會參加一次靜坐營。

每次閉關回來後，我不僅感到神清氣爽，對於不同訊息對我想法與快樂所產生的影響有了更深的洞察力，對家人與身邊的事物也更專注。最重要的是，我的判斷力提升了：我更清楚自己該讓什麼進入內心，又該將什麼拒於門外。

## 篩選進駐內心的事物

我們已經討論許多關於如何清除思想烙印的內容，但接下來呢？

擁有心智主權的關鍵不只是清除有害的資訊，更要用真正有價值的內容滋養心靈，這些內容能讓你充滿活力、能量、啟發，提升你的自我覺察力。

## 成為有智慧的人

我們可以歷經人生的起伏跌宕而不被擊垮，那不是因為我們天真或選擇視而不見，而是因為我們獲得了智慧。但教育向來只教導我們如何思考、分析和學習專業技能，但從未教過我們如何面對人生的起伏與挑戰。智慧在主流的社交體系中不只被輕忽，甚至根本不存在。

智慧和智力不同。智力是指解決抽象問題和整理複雜資料的能力，而智慧則能讓我們找到更好的生活方式。智慧還包含各種不同的特質，包括智力、人格及人生經驗。智力雖然重要，但僅憑智力無法判斷一個人是否具有智慧，因為智慧需要人生經驗的積累。

用智慧培育心智，能幫助你進一步清除有害的制約與成見，擁有更多的主權工具，真正掌控自己的思想與人生。

我們的世界充滿了各種膚淺、無意義或令人不安的資訊，無法滋養我們的內在，是「精神上的垃圾食物」。與之相比，智慧就像具有高營養價值的補品。垃圾食物偶爾吃吃，確實挺爽的，但能讓你強壯、充滿韌性與健康，還是對身體有益的食物。

有位老師分享過一個故事。他陪一位肺部有缺陷的小學生跑步，他問那個小男生：「你連呼吸都會痛了，怎麼還能跑步呢？」對方回答：「我跑得比『痛』更快就好啦！」

智慧也有這樣的力量。雖然不能讓你免於痛苦或磨難，但可以讓你不被它們吞沒，你依然能漂浮著，繼續存活。

## 透視媒體的信息操控

覺察力可以讓你退一步觀察你正在接收的任何媒體、資訊或訊息，解讀其背後的意圖。你將能看穿你被灌輸與被推銷的內容。

當線上語音聊天社交軟體Clubhouse問世時，身為心理學者的我，一眼就看出這款產品的開發者，是運用眾所周知的說服力與影響力法則吸引用戶。

比方說，「稀缺效應」的心理學原則，就是利用人們往往容易對稀少、難以獲得的事物產生更強的渴望。而「Clubhouse」這個名字就給人一種獨家會員制的感覺，在剛推出時，只有收到邀請後才能加入，這也使得該平台更令人好奇，富有吸引力。

此外，它還運用了其他的原則，包括：「社會認同」（即我們會看別人來決定自己應該怎麼做）以及「權威效應」（即我們會信任、並遵循我們認為知道自己在做什麼的人），所以Clubhouse的首批會員都是名人，這讓該平台更加炙手可熱。這一連串的行銷手法就是典型的心理操控，而且確實有效，讓它甫推出就一炮而紅（它如何後繼無力則不在我們的討論範圍內）。

那麼，我們要如何抵抗被訊息操弄呢？我曾請教一名陸軍中校，他的工作就是設計心理戰訊息來操控敵人的認知。我們進行了一場極有趣的對話。他告訴我，無論閱讀任何新聞、媒體或吸收任何資訊，他都會本能地檢視訊息背後的意圖：這個內容的創作者希望讓消費者思考、感受和做什麼？這種「透視訊息的能力」，正是覺察力賦予我們的心智主權。

中校還分享了一個令人莞爾的小故事，與他教導孩子如何抵抗潛在操控、建立心智主權有關。當他帶孩子去超市買東西時，如果小孩想買不健康的早餐麥片，這時他不會直接拒絕，而是問孩子：「你為什麼想要買這種麥片？」

「因為它看起來很漂亮。」

「所以告訴爸爸，你覺得它為什麼要做得這麼漂亮？」

「因為這樣看起來會很吸引人。」

「那你覺得麥片公司為什麼要把麥片做得很吸引人？」

「因為這樣小孩就會喜歡它嗎？」

像這樣，透過不斷提問，這位軍官教會孩子識破操控的本質，甚至在操控發生之前，就先識破它。

這種有關心智主權的教養方式真是太棒了！但願我們每個人也都能如此保持警醒。

## 拯救手機腦

矽谷的科技創業家、Kiva.org的聯合創辦人普雷莫・沙（Premal Shah），曾與我分享道：「白宮有所謂的『禁航區』，任何閒雜飛行器都不准進入領空，我認為這可以用在我對大腦的比喻——我的大腦也是我這個人的禁航區，若不是經過我特許的東西，一律不准進去。」為此，他的第一步就是把所有電子產品都移出臥室。

我則是先刪掉了手機裡的社群媒體，甚至是電子郵件，這樣做不僅釋放了手機的儲存空間，更騰出我的心理空間。我體會到前所未有的專注，也更有時間思考。如果我真的需要查看這些訊息時，就打開筆電。我發現，我根本沒必要一天二十四小時盯著手機，一天看一、兩次筆電就綽綽有餘了。而且如果真有緊急情況，人們可以發簡訊給我。

對此，有些大忙人可能會反駁說自己需要全天候待命，但我認識一些肩負重大責任的企業執行長，他們也都開始逐漸認同跟實踐這種看法。「如果天要塌下來了，自然會有人打電話告訴我。」有位執行長這麼跟我說，「但在天塌下來之前，我應該要有能更清晰思考的時間，而不是動不動就查看手機，讓思緒不斷被打斷。」

至於社群媒體，我也不會天天看，就算瀏覽，每天也不會超過十分鐘；而且我會只在電腦上看，因為這樣比較不會無意識地一直看不停。同時我會只搜尋和關注我想要造訪的社群媒體或網站，而不會滑鼠滑到哪個網頁就看到哪兒，那會讓我的腦容量被不想吸收的資訊塞爆。

布萊恩・伍德（Bryant Wood）是一位粉絲破五十萬人的網紅。因為經營社交媒體是他的職業，因此我曾請教他，如何在這個行業中與觀眾保持剛剛好的界線。他告訴我：「在社群媒體上，一個基本的原則是你要成為創作者，而不是消費者。你想要透過分享智慧與內容來造福他人，而不是無止境地吸收及消耗訊息，否則你會在社群媒體的演算法中迷失自我。」

在社群媒體的演算法中迷失自我？嗯，敬謝不敏，我才不想這樣。

所以，創造有益的內容，並關注那些能啟發你的創作者，這才是值得你做的事。

## 突破心智的牢籠，別把幻象當真

科學界總是太過專注於我們已知的事物，卻鮮少提及其實人類知道的事情實在太有限了。出生前的我們在哪裡？死後我們會往何處？這個宇宙究竟是什麼？我們到底是誰？這些問題我們都沒有答案，簡直是巨大的謎團！

智慧，就是為未知、神祕和創意留下空間。當你這麼做時，你的心智會進入一種奇妙與沉思的狀態。你的思緒不會再被瑣事糾纏，而擁有寬廣的視野。

我進入哥倫比亞大學研究所後，修了一門研究印度—西藏議題的課程，教授是人稱「佛陀鮑伯」（Buddha Bob）的羅伯・舒曼（Robert Thurman），他也是好萊塢女星鄔瑪・舒曼的老爸，事實上他女兒的名字，就是取自一位印藏女神。

說到好萊塢，當時電影《駭客任務》才剛上映，鮑伯教授跟我們解釋這部電影的靈感，其實是來自一部古老的吠陀經典《瓦西斯塔瑜伽》（The Yoga Vasishta）。這部經典的內容極為瘋狂奇特，故事裡又有故事層層嵌套，乍看似乎毫無邏輯，卻描繪了與電影《全面啟動》所設定類似的現實場景。每次閱讀此書時，我都有種從舊有思維中被解放的感受。每次上完佛陀鮑伯的課時，我也覺得頭腦變得特別清明，內心輕鬆自在。至今，該經典仍是我的床頭書。

根據吠陀文化與佛教文化的觀點，我們都活在《駭客任務》那種虛幻的世界裡——這根本不是好萊塢編劇家的發明。我們被自己的烙印與過往困住，好似生命會永遠延續，就像倉鼠般賣命地跑著滾輪，不停追逐所欲，逃避所懼。我們只專注於自身，認為自己是電影裡的主角，而無視我們與他人之間有多深刻的連結。

鮑伯告訴我們，要破解幻象的祕訣，就在於透過觀察自身的念頭、情緒與心智烙印去看清它，而不是被它牽著走；深知萬事皆無常，並讓智慧填滿大腦，讓慈悲充滿內心。

你想循哪條路徑追求智慧並不重要，只要那條道路能令你產生共鳴即可。任何一條能帶你通往寧靜、平和、力量與遠見之路，都能幫助你在順境時盡情享受生命，在逆境時堅定前行。

## 心靈越富足，心智越成熟

當你沉浸於冥想、靜默、呼吸與智慧中，你會發現自己更容易不被塵世的喧囂、議題和輿論所困擾。即使真被捲入其中，你也不會被困住，因為你的內心會有一部分意識到自己正在受困，而這樣的覺醒會讓你更容易從中解脫。

## 你的心境決定你的生活品質

在學會天空呼吸冥想後，我遇到了其創始人「古儒吉大師」詩麗・詩麗・若威・香卡。起初，我對於大師心存疑慮，但我確實因為天空呼吸冥想而受益匪淺，它不但幫助了我，也幫助我們研究中的退伍軍人獲得更大的心靈自由。

關於心智主權，古儒吉大師最常強調的一項教誨就是：「你的心境決定了你的生活品質。」這話是什麼意思呢？回想你生命中事情進展順利的那些時刻——也許你在度假，或是賺了大錢——但內心仍苦不堪言。同樣地，在某些艱難的時候，比如疫情期間，你發現自己仍能很快樂。這代表你身處何種環境，與你的心情好壞無關。真正重要的是，你的內心狀態掌控了一切。

這對我們而言是個好消息。因為對於身處的環境，我們能做的真的不多——該繳的稅一毛也少不了，該生病就是會生病，人際關係永遠那麼麻煩，生活中永遠充滿了不確定性！但如果想改變心境，那我們能做的事可就多了。

智慧可以有系統地幫助你擺脫無益的思想、情緒與心靈束縛，同時向對你真正有價值的事物敞開心扉。在之前的數個世紀裡，智慧透過各種不同的哲學流派與宗教信仰傳承下來：美洲原住民的智慧、世界各地原住民的傳統、斯多噶學派、伊斯蘭的蘇菲派、人文主義者、道教信眾、印度教徒、佛教徒。像是柏拉圖或蘇菲派詩人魯米等古代精神導師，或是較近代的大師，如：一行禪師、拉姆・達斯、艾克哈特・托勒、瑪雅・安吉羅。任何能觸動你，提升你精神境界的思想，都是智慧。

大多數的宗教傳統既有精神層面，也有哲學層面，但你不需要是教徒或想追求某種靈性理念，也能深入思考生命的本質。像愛因斯坦這樣的天才也深具思辨精神，並知道要廣泛閱讀，如《薄伽梵歌》等吠陀哲學典籍。

你可以在詩賦、藝術或音樂中找到智慧，也可以從我們周遭的長者汲取。他們常被忙碌的現代社會忽視，得不到應有的尊敬（至少在西方較缺乏敬老尊賢的觀念），但這些前輩的經驗和知識可能蘊藏寶貴的智慧。有時，某個耆老就是能給予我們許多啟發的智者。

## 懂得感恩，才是真正的富有

在那場車禍後的二十四小時內，我經歷了某種啟蒙，其中最核心的部分，就是感恩。感恩是智慧的重要基石，它能讓你不再受制於永無止境的欲望和比較，進而獲得自由。

我母親總是讓我看到感恩的力量。儘管她的童年並不快樂，且多年來作為處於貧困邊緣掙扎的單親職業婦女，她還是透過長期的療癒歷程，逐漸修復烙印。

七十五歲的她，至今依然充滿熱情、喜悅和調皮。（像有次她在跟一個超級保守的基督徒家庭聊天時，照樣把男生小雞雞上的刺青搬出來當話題——而且還講得頭頭是道，儼然是這方面的專家——畢竟這有什麼不能說的呢？）

她不屈服於自身嚴重的慢性疼痛，勇敢面對衰老，甚至能親自拿著電鋸鋸斷自家庭院的樹木。同時，她也不被新的社會制約束縛——她幾乎不上網，不看新聞，當然也不用手機。但她會跟陌生人開玩笑，會去洗三溫暖，大部分時間都待在戶外，甚至在冰天雪地裡跳進湖裡裸泳。她會讀書，愛吃起司，會用新鮮香腸餵狐狸（雖然她自己吃素），那些狐狸後來就像忠誠的狗狗一樣，會在她整理得美美的庭院裡跟前跟後，甚至還會跟著她進屋。

但她最強大的修練，就是感恩。她對現在所擁有的人生充滿感激，無論身體疼痛與否，每一天對她而言都是值得慶祝的日子。

感恩是一面強而有力的心理防護盾，讓那些新的負面烙印很難在她心裡落地生根。

九〇年代末當我住在上海時，也見識到這種力量。當時人們的家中還沒有暖氣。我獨自住在冷颼颼的套房裡，陪伴我的只有一隻我從街上救來的瘦弱小貓，還有牠身上的跳蚤，以及被貓飼料吸引來的蟑螂。

當我覺得自己很可憐時，我的鄰居們卻在更惡劣的環境下展現出驚人的感恩之心。他們一家三代住在一起，擠在比我房間還小的空間裡，窗戶破損，寒冬只能穿著厚重的滑雪外套保暖。他們沒有沖水馬桶，也沒有熱水。但他們還是心懷感激——感激自己還擁有一個棲身之所，感謝彼此的陪伴，感謝自己還活著。

比起那些看似擁有一切，卻不懂得感恩的人，上海人要富有多了。

感恩並不是要你安於現狀，或是要你放棄夢想與抱負，更不是要你停止為美好與正義而奮鬥。但它確實能讓你心境更開闊，更容易在生命中找到幸福、樂觀與韌性。

感恩，就像是你的救生艇。

### 掌控心智的益處

- **平靜**：你的心思不會再那麼忙亂與慌張，因為你能透過冥想或其他內省練習，每天釋放內在烙印。
- **精力充沛**：你更不易分心，也不會被鋪天蓋地的資訊淹沒或牽著走。
- **內在穩定**：你有意識地療癒創傷，因此對外界的刺激反應不會那麼強烈，也不容易被影響。你遇到事情會更鎮靜，因為你知道該如何找回自己的重心。

- **擁有覺察力**：你能看穿信息背後的意圖，不會一有什麼風吹草動就被操控。

## 主導心智的行動計畫

我們長年不自覺地承載著來自文化背景、個人經歷、心理創傷、新聞媒體等各方面的烙印，但比這些烙印更強大的力量，就是我們的覺察力。這正是內在的心智力量。以下是可以培養覺知，並移除烙印的方法。

### 一、觀察與分辨

能被你看穿的東西，就不會成為困住你的陷阱。

帶著明辨力觀察朝你襲來的訊息，別一頭栽進去，任由它們把你耍得團團轉，你要先退一步思考：這些訊息背後的意圖是什麼？它是要賦予你自由，還是要用恐懼束縛你？你真的想與之互動嗎？

## 二、辨識你的烙印

寫日記，或是反思下面這些問題：

- 你在生活中的哪些領域感覺最受束縛？是人際關係、工作，還是家庭？你在這些領域裡抱持什麼樣的信念？
- 你會像史妲一樣，擔心失去安全感嗎？或是像安妮莉絲那樣，害怕失敗嗎？你會像荷西那樣，在特定情境下容易情緒激動嗎？
- 想想你最大的恐懼是什麼。怕沒錢？與人產生衝突與爭執？還是怕被拋棄？
- 你最強烈的渴望是什麼？是功成名就，還是被人關注？

別忘了，有些烙印完全是健康的，比如「想要與人建立連結」或「想要擁有歸屬感」的想法。當你思考自身的烙印時，一定要「知道好歹」，只有那些會限制和傷害你的，才是壞烙印。

## 三、我的早晨與夜晚，由我作主

你每天早上用來制約心智的頭一件事情是什麼？你如何安排一天的行程？你會一醒來就滑社群媒體嗎？你會去看別人都在做什麼嗎？你會去看別人想向你推銷什麼嗎？你會把注意力放在想要你關注的人身上嗎？還是你只專注自身，並讓內心充滿快樂與平靜？或許那是你的家人或寵物，可能是欣賞大自然，也可能是禱告、冥想或到戶外安靜地跑步。

每天的最後一小時，你會做什麼？

你是「交出」這段時間，繼續接收外界的訊息；還是選擇「收回」，使其成為一段與自己安靜相處的 me-time，讓頭腦放空，思緒沉澱，回歸內在？

## 四、讓呼吸穩定你

我們的研究顯示，天空呼吸冥想對療癒創傷印記極為有效。你可以透過「生活藝術基金會」（Art of Living Foundation，www.artofliving.org）在線上（或親自面對面）學習。

這是我和退伍軍人及學生一起研究的技巧，我自己也會每天練習。現役軍人、退伍軍人及其家屬，則可以透過「迎接回家計畫」（Project Welcome Home Troops, www.pwht.org）免費學習。

在YouTube上打著「天空」二字旗號的呼吸法形形色色，我無法為它們一一背書，因為我並未研究過它們的效果。因此建議你最好還是去找受過訓練的老師學習。我參加的靜修營，同樣也是由「生活藝術基金會」提供的。

## 五、有意識地釋放每天的烙印

除了呼吸與冥想能幫助我們釋放既有的烙印之外，有位耆那教的朋友還跟我分享一種練習，可以消弭每天新形成的烙印。方法如下：

在一天結束之時，回想從你早晨醒來的那一刻直到剛剛為止，當天發生的所有事情。在如同「倒帶」的過程中，有意識地釋放那些事情可能對你造成的負面影響。

## 六、為媒體設立界限

觀察自己使用3C用品的習慣，哪些是有害的。刪掉耗費你過多腦力的那些App。也許你可以在一天中設定特定的時段——例如晚上七點到早上七點，完全不使用任何數位產品，讓心靈有喘息的空間。

## 七、培養智慧

我們可以隨時隨地汲取來自世界各地的智慧，但關鍵在於我們選擇吸收什麼。不論是透過詩歌，還是古代的哲學經典，這個世界就如莎翁在《溫莎的風流婦人》裡所說，是你的「牡蠣」，你可以用利劍撬開，從中獲取寶貴之物。

你是否願意用能滋養心靈的智慧，取代充滿恐懼的訊息或行銷廣告的疲勞轟炸？

你是否樂於用鼓舞人心的知識照亮你的人生之路，繼而緩解壓力，充實內心，讓自己蛻變為智者呢？如果你願意這樣做，你會感覺主權就在手中。

不妨試著了解條條大路通羅馬的不同路徑，看當中哪一條能讓你產生共鳴。屆時你再深入研究，看看能否在牡蠣裡找到珍珠。

## 八、反思：找到自己，看見自己

美國詩人查爾斯・布考斯基（Charles Bukowski）曾提出一個值得深思的問題：「你還記得在世界告訴你『應該成為什麼樣的人』之前，自己是誰嗎？」

回想一下兒時，什麼東西對你最重要？回想你內心深處最認同的價值觀，把它們列出來。

別讓任何人告訴你「你是誰」，別讓任何人告訴你「應該如何」，只有你能定義自己。

## 九、靜坐冥想

我在書中反覆提到冥想，因為它的好處值得一再稱頌，而且這是增強覺察力的終極練習。

就像夜幕降臨時，當你仰望滿天星斗，感受宇宙的廣袤無垠，會突然意識到自己的渺小。

同樣地，當你冥想時，你將不再被日常的思緒與情緒所困，而能凝視內心深處那片廣闊、慈悲且無限的空間。

請養成每天冥想的習慣。最好的入門方式就是至少先持續練習四十天。冥想的效果需要日積月累，當你持之以恆一段足夠的時間，就能體驗到它帶來的改變。

【寫出你的詩歌】

## 值得記住的好事

大多數人，都習慣認同出現在頭腦裡的事情，
我們會覺得那就是真相，但事實往往並非如此。
尤其當這些想法，
讓我們覺得自己渺小、恐懼、無能、受限、受控、受困、不安時，
那麼，它多半就是個謊言。
這件好事，值得你牢牢記住。

# 第五章

# 成為人際關係的主人

社會連結是人類最基本的需求，也是一個人身心是否健康的強大預測指標。我們都渴望與人產生連結。

人們之所以做許多事情，像是生兒育女、加入社群、找人戀愛、努力成功、想要更具吸引力，歸根結柢都是因為他們覺得這麼做有助於與人建立正向的人際關係，進而讓他們擁有愛、連結與歸屬感。在我們的內心深處，都有一個同樣深刻而敏感的需求：渴望被看見、被聽見、被重視。我們想要安全感，也希望能信任身邊的人。

然而，就跟情緒一樣，人際關係也是我們從未接受過正規教育或訓練的領域，沒有人告訴我們該如何經營關係，因此常會讓我們感到煩惱、痛苦。所幸只要習得人際關係中的主權奧義，許多困難是可以避免的。

## 正向關係能量的科學

密西根大學羅斯商學院（Ross School of Business）的金・卡麥隆（Kim Cameron）與他的同事，在研究組織運作時，發現了「關係能量」（relational energy）這個迷人的科學原理。

他注意到，在大型的人際網絡中，有某些特定的小群體會表現得異常突出，生產力遠高於公司其他團隊，而且他們的水準不是只高一點點，而是高出許多。這究竟是怎麼回事？

## 人際關係就是能量交換

金跟他的研究團隊進一步深究這些小群體之所以表現卓越的原因，結果他們發現，似乎是在群體中，有個關鍵人物在發揮影響力。而最貼切的描述，就是這個人擁有「充滿感染力的正能量」。

金曾跟我多次合作撰寫數篇與正向領導力有關的文章，還出版一本名為《正能量領導（暫譯）》〈*Positively Energizing Leadership*〉的書籍，探討這種現象以及這類能給人滿滿活力的人。

為了解釋正能量領導力，金以「向陽效應」（heliotropic effect）來做比喻——植物會受陽光吸引，或更精確地說，是受陽光賦予生命的能力吸引。同樣地，我們也會被那些能帶來活力的人所吸引，他們能鼓舞人心，提振我們的情緒與能量。

金與他的同事們還發現，有些人則恰好相反。這類人會讓人意志消沉，與他們相處會讓你缺乏幹勁、熱忱與活力。回想一下你過往的經驗，應該會了解我的意思：有些朋友或同事會讓你精力充沛、充滿希望，而有些人則會讓你越相處越疲憊。

本書的每一章都討論過「能量」。如第二章所述，你跟自己的關係可以充滿正能量，也可能是沮喪無力的。第三章提到，你的情緒是一種運動中的能量，你可以壓抑它；或沉迷於成癮行為，導致能量枯竭；抑或讓情緒與成癮行為自然流動，不需花費力氣去抵抗，以平常心感受它的升起，再讓它逐漸平復與自在，而不是耗損你。還有在第四章提及，心智也有能量模式。負面烙印會讓你失去活力，清除這些印記並以滋養的印記取而代之，能重新為你注入能量。

人際關係也是一種能量交換。正如我孩子們最愛的書《你的水桶有多滿？兒童版（暫譯）》（*How Full Is Your Bucket? For Kids*）裡所描述的概念：你可以為別人的水桶裝滿水，也可以清空它。但這並非童話故事，而是嚴謹的實證研究。

擁有良好關係能量的領導者，能讓公司的業績更好。相反地，企業裡如果有諸多會打擊員工士氣的經理人，那公司完蛋也只是剛好而已。這個道理也同樣適用於社群、家庭、友誼或親密關係。

要成為一個散發正能量的小太陽並不難。金與他的同事們正透過培訓計畫，幫助那些令人失去活力的領導者，讓他們從員工的能量小偷變成能量加油站，進而讓瀕臨崩潰的企業起死回生。我們每個人也都可以學會這種能力。

## 社交主權者——艾黛兒的故事

艾黛兒・西格奈（Etelle Higonnet）——就是在第四章提到跟我一起遭遇車禍的同學——她後來成為人權律師兼環保人士，對社會貢獻良多。她奔走於非洲跟南美洲叢林中，調查非法森林濫伐和童工問題。她經常冒著生命危險，有一次她在某個非洲國家調查濫墾林地的不肖橡膠業者時，就差點有命去沒命回來。

當時艾黛兒正要出發前往有三小時車程的機場，但負責接送她的司機卻突然莫名失蹤。而當地官員異常堅持要她搭乘另一輛車，在兩名看起來像凶神惡煞、身著軍裝的彪形大漢陪同下前往機場。這當中的安全疑慮不言而喻：艾黛兒正在調查的橡膠公司，與該國政府高層有著官商關係匪淺的黑金勾結，她這個程咬金自然成了想收取回扣的貪腐官員的眼中釘。儘管如此，但她別無選擇，只能硬著頭皮上車。

然而，在車內那驚心動魄的三個小時，艾黛兒卻創造了奇蹟。她與可能會「處理」掉她的那兩個狠角色成為朋友，結果他們不僅護送她平安到達機場，過程中還與她分享零食。更誇張的是，途中她需要在路邊上廁所時，大塊頭們還高舉一塊布幫她圍起來遮擋。

等將艾黛兒送抵機場後，男人們告訴她，其實他們是奉命來取她性命的職業殺手。但後來他們改變心意，不僅放她一馬，還警告她千萬不要再到這個國家，如果真的非得回來，就務必從陸路邊界入境會比較隱密，並且一定要找他們來當保鏢，負責她的人身安全。

那麼，艾黛兒是如何「感化」這兩位殺手，讓他們變成保護者的？

她並沒有威脅他們，也沒有色誘或賄賂他們，她也不需要這麼做。因為艾黛兒擁有比這些更強大的力量——正向的關係能量。這就是我所說的「社交主權」，也是本章所要討論的主題。當你手握社交主權，代表你與自己跟他人都能建立起向上和向善的互動及連結。

艾黛兒在我們遇到那場九死一生的車禍之前，就已經是社運份子。許多在校園裡的維和會議都是由她策劃，她很早就努力想要改變世界，讓世界變得更美好。但當時她的行為是帶著憤怒與負能量的，因此周遭的人會覺得她有點激進。儘管她本意良善，但這種怒氣沖沖的行動主義者會在無形中讓人敬而遠之。

然而在與死神擦身而過後，她的心態徹底轉變了。她開始用智慧與感恩之心建立人際關係。她徹底改變溝通與傳遞信念的方式，並專注於正面的事物。

過往的她會以一副要吵架的態度，用令人沮喪的問題怒嗆他人：「你知道每年有多少非洲小孩被當成奴隸，在鑽石礦坑中挖鑽石嗎？」如今她則會以帶有希望的可能性去啟發旁人：「你知道如果我們只進口符合道德標準的鑽石，就可以拯救許多非洲孩童的生命嗎？」從咄咄逼人的質問，改為引人深思的提問後，她在社運活動的勝率也大幅提升。

認識艾黛兒的人都說，與她相處令人倍感激勵。她這種與人拉近關係的能力，幫助她達成諸多非凡的成就。事實上，就在我撰寫這本書的期間，法國政府授予她國家功績勳章（National Order of Merit）以表彰她卓越的貢獻。

我有說過她才四十多歲嗎？

## 正能量者的六大特質

能提供正能量的賦能者在與人相處時，會扮演觸媒的角色，幫助周遭的人發掘並激發自身潛能。這些宛如「勁量電池」的人們，人生充實且高效，儼然是人緣界的磁鐵。

那麼，什麼樣的人才有資格成為正能量的行動電源，替周遭的人充電呢？根據金的研究，這與下面六項特質有關。

### 特質一、關心他人，能看到對方的優點

這包括重視他人的人品與技能、特質與天賦。你會讓對方知道，他們的存在並不是微不足道，你欣賞他們的為人，也會給予他們支持和鼓勵。

在這麼做的過程中，你能滿足他們被看見、被聽見、被看重的基本需求，獲得安全感，並能信任別人。

## 特質二、相互支持，在對方遭逢困難時能展現善意與同情

在「支持關係」的沃土中，就能開出「忠誠」的美麗花朵。

每個人都會遇到低潮，當對方知道你是真心願意陪伴並支持他們度過困境時，你們的關係自然就會更加深厚。

想想曾在你人生低谷時，無條件對你伸出援手的人——也許是你尊敬的前輩，也可能是朋友、老師或老闆。如果對方此刻來電要請你幫忙，相信你一定會毫不猶豫地全力相助。

## 特質三、不計較，多原諒

生活中的百分之十是由發生在你身上的事情組成，另外百分之九十則是由你對於發生的事情如何反應所決定。有些事情我們無法掌握，但我們可以調整自己的心態。當一個人學會不計較，不抱怨，多原諒，人生便會更美好。

一個人之所以快樂，不是因為他擁有的多，而是計較的少。原諒他人，是因為你值得擁有平靜的心靈。

## 特質四、具有正向心態

抱持正面的期望，會讓人更願意把心力投注於想要實現的目標上。而負面的期望，則會讓人不知從何開始、如何開始，因此常常原地踏步。

現今我們接收到的許多訊息都是負面的，而這也導致我們動輒就悲觀、批判、抱怨、內耗，讓人欲振乏力。

賦能者不僅會關注正向積極的事情，還會用微笑、鼓勵等方式刻意強化，大加讚揚，以此方式將正能量傳遞給他人，形成積極向上的氛圍。

## 特質五、重視意義與價值

不論你是與伴侶共同養育孩子，或是在職場或社群參與某項團體計畫，都請你專注在所做事情產生的影響與裨益上，因為這會強化你的動力，也會讓其他人意識到自身的價值。

我曾做過一項我特別喜歡的研究：一所大學校友募款中心的工作人員，在聽到一位學生分享助學金如何改變她的人生後，工作效率竟然提升了一倍。

當你感覺自己能以某種方式對社會做出貢獻、產生影響時，自然就會萌生能量與幹勁。

### 特質六、以基本的人性價值對待他人

基本的人性價值包括尊重、感恩、信任、誠實、謙遜、善良與正直等，當你遇到一個人，他待人處事始終都展現這些價值觀時，你自然會對他們產生信任與安全感。你能夠放鬆，卸下心房，因為你知道他會做正確的事。這類人是你特別欣賞，想與其為伍，也想要以之為師的人。他們是能讓人感到振奮的正能量。

## 三種類型的賦能者

相反地，有些人則是所謂的「能量消耗者」——你可能在社群、職場與家庭中遇過這類型的人。甚至，如果你對自己夠誠實，你可能也曾在某些時候、地點或關係中，扮演過這種角色。

好消息是，任何人都可以成為正向的「賦能者」。然而問題是——沒錯，天底下

沒那麼好的事情——並非所有的賦能者都能造成好的影響。

賦能者可分為三種類型，其中只有一種既能幫助自己，也能幫助他們的家庭、社群與組織發揮最大潛能。我將這三者分別命名為：「壓迫者」（Crushers）、「犧牲者」（Sacrificers）與「明星」（Stars）。

## 第一類：壓迫者

這類賦能者可能極具吸引力、魅力與號召力。他們能促進正向的改變，完成創新且有益的工作，進而平步青雲，名利雙收。

舉個例子。派翠克是享譽全球的科學家兼暢銷作家，其劃時代的研究，讓他成為該領域中最具影響力的人物之一。

但如果你進一步詢問派翠克的同事與實驗室成員，就會發現派翠克的另外一面：他的研究機構的文化令人苦不堪言，充滿勾心鬥角。這正是壓制者的問題：他們（往往是在不知不覺中）也把他人踩在腳下。

儘管壓迫者的初衷可能是真心想帶來正向改變，工作也或許會達到劃時代的成就，但他們內心的烙印（往往是覺得「我不夠好」的信念）會讓他們拚命追求關注，並在過程中罔顧他人。這種對於名氣與榮耀的強烈渴望，雖然有助於他們有源源不絕的動力去追求成功，但也讓他們陷入自我中心和過度膨脹的漩渦中，因而無法達到本可實現的顛峰境界，在某些情況下，甚至還會毀了自己。

以派翠克為例，雖然他為受他啟發的團隊提供了巨大的能量，卻也打擊了同事的士氣，只因他一心想成為眾人目光的焦點，搶占所有的功勞，從不提攜後進，忽略對同事的指導與支持。

想像一下，如果他能讓團隊與他一起並肩作戰，他的成就將更不可限量。

## 第二類：犧牲者

這類的賦能者也能鼓舞人心，並成就偉大的事業。就像壓迫者，他們的本事很不一般，並廣受朋友、外界與同事的愛戴。不同的是，犧牲者不會踩著別人往上爬；相反地，他們總是提攜他人，與人分享榮耀。

但這裡同樣也有個問題。

舉例來說，尤哈妮是在海地出生的移民，在十來歲時來到美國。她發現自己能對改善美國教育體系做出貢獻，尤其是幫助窮困跟弱勢孩童解決他們所面臨的困境，之後她成為一位充滿熱情且獲獎無數的校長。然而，因為她不遺餘力，過度奉獻，最終筋疲力竭，累到住院。

這正是犧牲者的問題：他們不知道自己的極限，所以會把自己弄到油盡燈枯。這種行為的根源——很諷刺地，往往是覺得自己「還不夠好」，或「必須做更多」，導致他們在求取表現的同時，也是在毀滅自己。

在某些情況下，犧牲者就像壓迫者一樣，也渴望證明自身的價值，只不過他們不會為此犧牲別人，而是榨乾自己。長期的自我忽視會讓他們付出代價（通常是身心健康出現問題，或過度消耗而難以為繼），導致他們無法達到預期的成功巔峰。

所幸尤哈妮最終學會照顧自己，她透過第四章提到的許多技巧，得以重新振作，持續在教育界發光發熱。她仍是成功且鼓舞人心的校長，同時還攻讀博士學位，專攻她擅長的領導學領域。更重要的是，她不再燃燒自己來照亮別人，因為她已經從犧牲者蛻變成第三種類型的賦能者——明星。

## 第三類：明星

這類型的賦能者，集壓迫者與犧牲者的正面特質於一身，但他們知道如何發揮優勢，同時又不會陷入自私或犧牲的陷阱。

明星若身為組織中的領導者，他們在各方面的表現都會明顯超越對手，所帶領的團隊，其獲利率、生產力、品質創新、客戶滿意度，乃至於員工的敬業度，都顯著優於業界的平均水平。

根據金．卡麥隆的研究顯示，「明星」的特質是願意長期力挺他人，力所能及地幫助別人，超越彼此差異地關愛他人，把笑容帶給他人。

我們從小受的教育，都是要在各個領域努力追求成功。然而，前幾天我在大學的課堂上，向學生提出對於「成功」不同的思考角度。我問他們：「你所認識最美好的人，擁有哪些特質？」

那天同學們的答案，包括：有愛心、關懷他人、活在當下……等。接著我問：「你們會因為這個人對你產生了正面影響，所以認為對方很『成功』嗎？」現場一片沉默。他們從來未這樣思考過「成功」的定義。

然而，真正能承擔重任的，難道不是具有慷慨、善良、富有同情心特質的那些好人嗎？他們是支撐我們度過人生難關的力量，在我們跌倒時予以扶持，在我們不愛自己的時候仍深愛我們，在沒人關心我們時付出關懷。他們展現了深刻的同理心，激勵我們成為更好的人。我們何其有幸能認識他們。

如果我們能獲得所謂的「成功」，很大程度上就是因為人生路上有這些人的鼎力相助。

## 人際關係的絆腳石

在人際關係中，「受困狀態」是指人與人之間存在「壓迫者」與「犧牲者」的互動模式。導致人我同時流失能量，而其中大部分的原因都與內心的創傷、束縛和制約有關。這也代表我們尚未對自身烙印產生自我覺察，或還未完成必須進行的療癒工作。

我曾經跟一名叫克莉絲蒂的年輕女子聊天，三十出頭的她是住在洛杉磯的女演員。我們是在一場聚會上認識的，她跟我描述她是如何剛逃離一段可怕的交往關係，駭人的原因是對方試圖殺害她！因此她得把自己反鎖在浴室，然後報警求救。這聽起來已經很恐怖了，但接著她又說了一件更令人震驚的事：這不是她第一次跟想殺她的人交往，這已經是第七次了！

她的戀情總是一開始很美好，但結局都以恐懼和驚悚告終。前幾次的交往，當她發現自己處於這種戲劇性的情況時，她都認為是對方的錯（他們顯然精神不穩定且有危險人格）。但當這種事情一再重演，她開始意識到自己內心有某種自毀傾向，驅使她被這類的致命情人吸引。

研究顯示，人們往往會在新關係中重複過去的模式，然後最終得到相同的結果。在此聲明，我不是要責怪受害者。每天都有許多人遭受可怕的傷害，而這絕不是他們的錯。我想強調的是，無論交往關係是美好或糟糕，都是我們可以自我覺察的良機。每個人都沉浸在自己內心的「烙印湯」中，並據此來解讀世界，這些烙印又被我們帶進人際關係中——或是我們也可以選擇不這麼做。

當然，確實有些人本來就是王八蛋，但我們面對的挑戰可是與自己的戰鬥。這就是何以人際關係不僅是愛與陪伴的場域，更是療癒、成長，並最終獲致主權的契機。

## 一、你的雷點會揭露你的烙印

想要找出自己的烙印何在，有個很簡單的辦法，就是觀察你在人際關係中，有什麼事情會踩到你的雷，那些東西就是你的烙印。

例如，如果你非常在乎「別人不喜歡我」，那麼當有人以（你認為）不禮貌的言行碰觸到你的情緒開關時，你就會產生過於激動的反應。事情不大，但你的反應很大，因為這件事情觸動了你某種烙印而累積了一輩子的情緒，而對方則會覺得你的反應莫名其妙。其實問題根本就不在他們身上，真正有問題的，是你。

幾年前，我參加一場為期一週的工作坊。我們在分組討論時，分享自己認為別人眼中的我們是什麼模樣。

有位和藹可親的老先生說：「我覺得我應該很惹人厭。」其實他一直很有禮貌，而且身為我們小組裡最年長的人，他也很努力不要因為年紀而成為大家的拖油瓶。奇怪的是，在那一個禮拜，我確實對他感到不耐煩，只是具體我也說不出是什麼原因。

但當他說出「惹人厭」時，我突然意識到：他是在投射他對自己的信念——一個在他成長過程中形成的內在烙印——那就是他認為自己令人厭惡，而我也不自覺地接收到這種能量。結果，他也會從我和其他人那裡接收到「沒錯，我就是惹人厭。」的這種暗示。這種自我實現預言，對他以及與之接觸的他人都是一種能量消耗。

再舉個例子。許多人在某種程度上都有「拒絕敏感度」（rejection sensitivity）。這個心理學名詞是指有些人對於拒絕的信號非常敏感，並且會對「被拒絕」這件事產生特別激烈的情緒反應，這很可能是因為過去曾經歷被拒絕的創傷，而這個傷口至今仍未癒合。

當然，我們難免會遇到不友善或不喜歡我們的人——即便我們心中沒有任何烙印或創傷，也會發生這種情況，對方可能的確做了一些討人厭的事（如果對方真做了什麼具有傷害性的事，那要他們滾蛋確實是應該的），然而，當你發現自己的人際關係中不斷出現類似的模式，那就表示你的雷點多到爆，搞不好連五歲的小孩也會惹到你。

這就是為什麼培養自我覺察的能力，永遠是很重要的課題。因為當我們壓力山大、缺乏自我覺察力或心境不平穩時，隱形創傷和思維制約就會主導一切，使我們無法看清事情的真相。

請你審視自己為何會產生強烈的反應，找出痛點所在，並且在情緒被觸發時，將其轉化為自省的契機，而不是一味指責他人。

## 二、受害者心態

非裔美籍作家兼詩人詹姆斯・鮑德溫（James Baldwin）說過：「壓迫我的並不是這個世界，因為當世界長期且有效地對你施壓時，你就會開始對自己做同樣的事情。你會變成共犯，成為殺害自己的幫兇，因為你開始相信施壓者所相信的事情。」

雖說鮑德溫這段話是在談論有色人種所遭受的迫害，但當中的智慧適用於所有人。我們內化了來自社會制約與過去加諸於我們的破壞性烙印，我們越是相信並認同這些印記，就越會被它們束縛。

當然，這並不是要否定你受過創傷的事實，你或許曾是暴力、虐待、忽視、詐騙，或各種傷害形式的受害者，但如果傷害結束後，你仍長期、甚至一輩子都把自己視為受害者，那麼這種認同會讓你成為自己的加害者。即便加害者已經離開，但你仍停留在案發現場，讓加害者肆無忌憚地繼續盤踞在你的思維中，成為趕都趕不走、說話聲音還超大的釘子戶。你的觀點會被扭曲，大腦也由於長期處於壓力下而使功能大打折扣。

一位來自威斯康辛州、二十五歲的退伍軍人，在伊拉克戰爭中經歷最血腥的法魯加（Fallujah）之役後，罹患了嚴重的創傷後壓力症候群。但他寫下這樣的字句：「他們稱我是戰爭中的受害者。但我不是受害者。」即使面對痛苦與創傷，他仍保有自主權；儘管面對重重挑戰，但他依然充滿力量，是勇敢的鬥士。

誠然，在真正放下過去的痛苦之前，需要經歷一段漫長的療癒過程。但這世上沒有不能原諒的事，你只是不肯放過自己。

## 三、「需要靠別人讓自己完整」的迷思

社會上有一種常見的觀念是，我們需要他人來讓自己完整，無論這些人是朋友、

孩子或伴侶。我們將人際關係視為一種可以獲得某種東西、填補匱乏或消除渴望陪伴的補償機制。他人成為一種「類商品」般的資源，是能使我們快樂的源泉。

這種迷思在娛樂產業中被不斷強化，變得牢不可破。我們家老大有個朋友，看了太多的迪士尼電影。當她跟我兒子一起玩的時候，都會幻想自己是公主，對方是王子，然後全心投入地上演整齣戲碼，對他唱悲傷的情歌。但我大兒子完全搞不清楚這是在演哪齣，也不明白這女生為什麼對著他時而哭哭啼啼，時而生悶氣。他只想跟她一起溜滑梯而已，怎麼會搞得這麼複雜。

我們的小兒子則是看了電影《雷霆戰狗》（Bolt），主角是個叫潘妮的小女孩。那晚睡前他告訴我：「沒有潘妮我活不下去。跟妳說喔，我愛上她了。」那時他才五歲啊！我們家甚至沒有電視，也很少看電影，一年也就看個兩、三部而已。但這種「你需要另外一個人讓自己完整」的迷思，卻能這麼早就被輕易植入孩子的大腦裡。

如果我們愛一個人，是因為想從對方身上獲得什麼，那不叫「愛」，而是交易，或是買賣。而且，當戀愛中的兩人都是出於匱乏感而進入關係，並試圖從另一方獲得補償時，這種心態往往會透過具攻擊性、暴力或冷戰的行為模式表現出來，導致不快樂、衝突，以及不確定性與焦慮。

這也是我們變成能量消耗者，並被關係束縛的原因。如果你身邊有個人，認為你應該解決他所有的問題，幫他實現所有的夢想，填補他內心的空缺，你說你能不累嗎？而且對方必定會失望，因為他們沒有意識到，沒有人能幫他們填滿內在的渴望，只有自己才做得到。

最健康、最幸福的關係，是雙方都擁有高度的個人權力（personal power）。兩個擁有主權的人在一起，才會造就更幸福的關係。

## 四、被二元對立綁架

我們有很多狹隘的自我認同，是基於不同的宗教、種族等因素，以人為方式劃分界限的。雖然每個人都是不一樣的個體，但當我們開始為自己和他人貼上標籤時，會讓我們覺得一邊是自己人，另一邊則是外人，然後兩邊的人就會相互看不順眼、彼此批評。唯恐天下不亂的媒體與政客也會在一旁見縫插針地製造矛盾，因為他們可以利用這種分裂從中謀利。

我小學二年級時，有個好朋友叫喬治。有天我們在教室裡，一起專心地做某件事，然後突然有個大人對我說：「他是黑人，妳知道吧！」就在那一刻，我們原本純粹的友誼，被種下了「差異」與「對立」的種子，那就像一根荊棘，無情地刺痛了我們的心。

儘管這世上確實有眾多的族裔、信仰和文化，但從本質上來說，我們都是同一個種族——人類；也是同一個家庭——人類大家庭。我們可能覺得彼此有別，但其實並沒有。科學已經證明，所有人類的基因有百分之九十九點六是相同的。我們的生命都一樣脆弱，內心都渴望同樣的東西，那就是：愛、和平與和諧。我們需要相互學習，彼此也有許多值得讚頌的多元性。

我數度參加由生活藝術基金會主辦的「世界文化節（World Culture Festivals）」，這是個旨在推廣「世界一家」觀念的活動。上萬名來自百餘國不同文化的藝術家會在週末登台表演，大家在多樣性文化中歡聚與慶祝。目睹在這個地球上，各種人類文化與文明所孕育的獨特之美，我不禁感動到熱淚盈眶。在活動中，你會感受到強烈的歸屬感與愛，並對人類的未來充滿希望。

我最近參加的一次是在華府的國家廣場（National Mall）舉行，場地後方是國會山莊，三天活動期間有逾百萬的民眾前來共襄盛舉。華府警方說他們算是長了見識，他們從沒遇過如此大規模但亂子一點都沒出的活動。但其實這是完全做得到的。和平本就唾手可得，只不過點燃和平需要火種——那火種會提醒我們，我們本是一家人，眾人皆平等。

一旦選邊站，我們就形同傷害了自己。批判的態度和分裂的行為會讓我們變脆弱，而團結會讓我們擁有真正的主權。試想：如果沒有人願意走上戰場，當政者就無法發動戰爭了。

## 人際關係權限升級

每一次的人際交流，都是一次能量的交換。那些掌握了這種能量交換訣竅的人，都知道該如何強化自身與旁人的能量及幸福感，因為他們與自身的關係非常良好。他們會讓自己像手機一樣先充飽電，確保能以積極正向的方式與人交流，並以人類最核心的價值觀為基礎，來進行互動。

## 「付出」讓人健康又快樂

神經科學研究顯示，讓我們在人際關係中感到快樂的原因，是「付出」而非「獲得」。

幸福與滿足的最大源頭，就是為他人服務。想想你為別人挺身而出，幫助他們度過難關的那些時刻，那種興奮的感覺是不是難以言喻？你會感到振奮，渾身充滿能量，原來這就叫「活著」！且研究顯示，助人還有益身心健康和長壽，甚至能降低細胞層面的發炎反應（而發炎正是癌症與糖尿病等疾病的前兆）。

我最喜歡的一項研究顯示，曾飽受嚴重壓力（如戰爭）的人，服務他人的舉措將成為他們更長壽的保護因子。

經歷過極度壓力的人，平均壽命往往較短，因為壓力會損害人體。然而，在一些經歷過此等極端壓力的人之中，有一群人依然活得健康長壽。是什麼在保護他們？答案是：他們終其一生都持續從事利他的活動。換句話說，當你選擇助人時，會大大消除壓力源對你的身心耗損。在你展現慈悲的同時，也是在拯救自己的生命。

當然，這不代表你要在內耗的情況下去幫助他人，但如果你的能量庫足夠充盈，就盡己所能去服務他人，你可以藉此創造出一個充滿活力的正向循環，讓所有參與其中的人都獲得能量與啟發。

## 善待自己，自我疼惜

自我疼惜意味著透過內在的療癒，與自己建立一段更健康、更能自我尊重的關係，同時也能以更富足的心態去面對各種關係。

一旦我們懂得自我疼惜，並確保照顧好自身的需求與福祉時，我們就能擁有更好的人際關係。這是因為人際關係中的能量耗損，並非總是來自烙印，有時候身心疲累與自我忽視也可能是罪魁禍首。

## 你的心態，決定人際關係的好壞

早年我剛開始從事研究工作時，曾遇過一位會把所有人都惹毛的同事。但這個「所有人」，並不包括我，因為我並不像其他人那樣覺得他很難搞。

有一天，我沒做例行的晨間練習就去上班，然而這個練習是我平時自我照護的重要關鍵（包括瑜伽、天空呼吸法、靜坐），結果那天的我還真的發現這位博士後研究員的確非常討人厭，事實上，他是讓人氣炸了！那時，我突然明白其他同事一直在抱怨什麼，心想：「原來大家說的真的沒錯！」

但我是真的明白了嗎？

隔天，當我做完晨間練習，帶著一種主權在我、不被外界影響的心態進入辦公室後，對方就沒那麼令我討厭了。他並沒有改變，但我的心態變了。

或許你曾有過這樣的經驗：有時你會因為有人強行超你的車而暴跳如雷，但有時你卻不會有太大的反應。在某些日子裡，你的另一半、小孩、同事的行為讓你怎麼看都不順眼，但有時同樣的事情卻會讓你完全不以為意。這當中到底有何差別？答案就是：你，的，心，態。

沒有人能讓你感覺糟糕，除非你本來就感覺很糟。如果你擁有自主的心態，你就能保持「心境平穩」，不容易被外界影響；當你疲憊不堪、精疲力竭，你就會耗損自己與他人的能量。

## 內在充盈，才能真正與人連結

直到我培養出更能自我疼惜、更愛自己的關係（如第二章所言），以及更穩定的情緒與心理狀態（見第三章跟第四章），我的人際關係便得以改善。我與其他人之間的新關係，也反映出我與自己建立的新關係。

如果兩個人都是以「完整」的心態進入關係，而不是以「匱乏」為出發點而走到一起，那麼這段關係就會比兩個獨立個體加總的結果更美好，產生一加一大於二的效應。當雙方都能提供對方能量，彼此就能以善意、耐心、愛與慈悲進行互動。

當你不是處於「索求」模式，而是發自內心地感激對方，這樣的態度又會讓彼此的關係更加穩固，從「我和你」進階到「我們一起」，成為生命共同體。

## 有界限，才有自由

想要掌握人際關係中的能量動態，意識到自己以及他人的邊界，是關鍵的必修學分。

關係界限可以是明確而強烈的，有時則會模糊且微妙。以手機為例，它能讓你隨時與他人保持連結，但這種連結帶有難以察覺的侵略性。試想，如果你的老闆可以在你上洗手間，甚至是穿著內衣褲時與你聯絡，這就算越界了吧。

## 學會保護自己的能量

我可能在醒來時覺得精神奕奕，但只要一打開手機，就會感覺自己在能量上與所有曾聯絡過的人產生了連結。這種連結或許會讓我充滿活力，但更多時候則會耗罄我的能量。

同樣的情況也發生在電子郵件上，你的收信匣經常裝滿別人期待你完成的事情。另外，你瀏覽的資訊也是同樣的道理，無論是新聞、運動賽事或其他訊息，我們的注意力和能量猶如細絲般，一點一滴不斷地流失及消散。

要維護界限，需要高度的覺察力——又是同樣的這個主權技巧！

我曾為了某個研究計畫訪談退伍軍人，每天都在聽他們的創傷故事。之前我從未做過這類型的訪談，因此我一開始毫無防備，一頭栽進他們的痛苦經歷中。結果一整天下來回到家後，我累得直接癱倒在地，動彈不得。我既悲傷又疲憊，能量完全耗盡，原來「同情疲勞」是真實存在的！

我把自己搞成這樣不但對他們沒幫助，對自己的傷害更大。這讓我在設立界限上學到了一課：我必須在支持與幫助對方的同時，讓自己好好的，不被拖下水，這樣才有辦法把他們拉上岸。

為此，我採取了一些簡單的做法，像是想像我身邊圍繞著一道由意念形成的無形拒馬保護著我，讓我能全心全意陪伴他們，但又不會讓對方的痛苦也變成我的痛苦。我還會在每場訪談之間用肥皂洗手，象徵性地釋放剛剛聽到的一切，也為下一場訪談做準備。這樣做的重點不在「洗手」這件事，而在於這個行為背後代表的儀式感與意圖。有時候我也會出去透透氣，暫時把我所看到跟聽到的一切拋諸腦後。

這個世上的苦難何其多。我們守護好自己，讓自己能保持完整而不是支離破碎，才有辦法發揮韌性去幫助別人。

## 當別人越界時，要勇敢堅守底線

界限不是說說而已，當人們不斷在試探你的底線，甚至強勢越界時，設定界限真的需要練習與勇氣。

我曾有項研究遲遲無法發表，那時有位教授主動表示願意幫忙，並說：「我真的很關心這項研究。」然而我很清楚，這位教授正在爭取終身教職，而且狀況還不是很明朗，如果能多發表幾篇論文，對他來說都是加分的。換句話說，他開這個口，並非單純出於善意，而是有其現實的考量——他想成為這項研究論文的共同作者。

以我當時的處境，我別無選擇，只能接受，主要是因為實驗室的政治環境讓我始終無法單獨發表這篇研究。有了這位教授的幫助，就能排除阻擋我論文發表的因素，對此其實我心存感激。

然而，我早已預見的情況果然發生了。就在我們準備提交最終版本時，教授寄了封郵件給我，同時也副本給我的實驗室主任（即他的同事），他開門見山就提出要求：「我希望我們能並列為第一作者。」

教授確實協助我修潤了論文定稿，並使其發表。但問題是，我才是那個花了五年時間籌募研究資金、招募受試人員、進行臨床訪談、讓他們參與研究、進行相關規劃、培訓研究助理、分析數據，並撰寫論文內容的人。我將他列為第二作者，這已經讓他獲得比其他花費更多時間參與其中的人更好的署名地位了。

當我向實驗室主任反映這個請求很不合理時，主任卻表示他不認為有何不妥。換句話說，他根本沒站在我這邊！身為理應提攜後進的前輩，他完全沒有支持他所指導的資淺女研究者。當下我感到震驚、沮喪，還有一種被背叛的感覺。

我本可以選擇成為受害者。我確實感覺被導師拋棄，又被深諳權力遊戲的同事玩弄於股掌。我以前也曾被想不勞而獲的同事占過便宜，這次的事件充滿了既視感。但我內心深處不想再屈服於這種弱肉強食的模式。我已經受夠同樣的事情一再重演。但我同時也很焦慮，突然要設立堅定的界限是會令人緊張的，我之前並不習慣這樣做，而且要面對的是比你更有權勢的人。

我最終鼓起勇氣，豁了出去，在面對這兩位地位遠高於我的男性時，堅持自己的立場和權益。我發了一封電郵給他們，上面只有同樣一句話：「我沒有不敬之意，但我必須拒絕您的請求。」

沒想到的是，事情還真就這樣解決了。

在我後續的職業生涯中，有位知名學者邀請我加入她的實驗，負責一項研究，但與此同時，也要我承擔更多額外的責任。她使用的話術是：「如果妳這麼做，就可以成為正式的大學教員，而非只是約聘人員。」

這句話充滿了操控意味，但這一次，我不再動搖。我仍願把握這次機會，但必須按照我的條件來。我表示非常感謝她，我就當約聘也無妨。

後來，實驗室裡的其他人問我如何能把跟老闆之間的界線抓得這麼好，我心想：身為被凹的過來人，我現在再也不會讓這種事情發生了。

## 寬恕別人，就是放過自己

關係中的能量不僅來自正向互動，還來自不要讓憎恨浪費我們的精力，也就是擁有放下與原諒的能力。

我老公跟我曾在婚姻遇到關卡時，去參加婚姻修復營。到現場我們才發現，幾乎所有來參加活動的夫妻都瀕臨分手。雖然我們的婚姻出了一些狀況，但還沒到考慮離婚的地步。那次活動的主持人，都是由婚姻經過地獄般磨難的夫妻負責帶領，他們碰過的危機包括外遇、酗酒、喪子、嚴重的心理問題等。

其中有對夫妻分享了丈夫曾經出軌，並對那位外遇女子陷入癡迷的經歷。儘管他試圖與對方分手，但始終無法做到，妻子為此也飽受多年痛苦。最終他們走出了這些風風雨雨，開始療癒之旅。

在分享時，妻子說了一段令人印象深刻的話：「我當時已經崩潰了，而他則充滿愧疚。但如果我一直對他窮追猛打，我們的關係是不可能好起來的。」她的話深深震撼了我。她才是先生外遇的受害者，但依然選擇為自身的情緒負責。她明白，若讓先生一直困在責怪與內疚的循環中，那麼這段關係將無法修復，對彼此都是一種能量耗損。當時，整個會場瀰漫著濃濃的愛意，感覺厚重到你似乎能夠觸摸的程度。

寬恕，是成為正向能量傳遞者的關鍵之一。過去的事就讓它過去吧！所謂「既往不咎」、「原諒與遺忘」，這些聽起來很美好，但你可能不知道，「寬恕」其實是你給自己的一份禮物，這是一種深刻的自我關懷行為，可以幫助你超越創傷與被害者心態，使它們不再拖累你或影響你的未來。

更重要的是，寬恕可以回復你的能量。研究顯示，寬恕具有以下的效果：

- **減少怨恨與壓力**。研究顯示，長期懷有怨恨與憤怒會讓你感覺很糟糕，還會導致血壓與心率上升。而寬恕不僅可以降低血壓，甚至可以降低被你原諒之人的血壓！這是因為寬恕可以讓雙方同時獲得解脫。
- **提升幸福感**。寬恕與較高的生活滿意度及更積極的情緒呈正相關。
- **提升生理健康**。有些研究甚至發現，能夠寬恕的人會服用較少藥物，同時睡眠品質較好，疲勞與疼痛的情況也會減少。
- **改善人際關係**。不難想像，傾向原諒而非報復的人，較不易與人起衝突，更少有負面情緒，也較願意努力經營關係。
- **誘發善意**。研究顯示，寬恕會讓人變得更善良和慷慨，更有可能捐款給慈善機構。
- **改善心理健康**。當我們越願意原諒他人，就越能顯著減少負面情緒跟壓力，提升抗壓韌性，甚至降低罹患憂鬱症的風險。

- **增強韌性**。寬恕有助於你走出過往的傷痛，翻開人生的新頁。

我最喜歡的寬恕研究發現，懂得原諒的人會覺得眼前的山坡比較不陡峭，並且有信心能跳得更高。憤怒與憎恨會讓人感覺像是背負重擔，而當我們選擇放下時，會有如釋重負的感覺，不但心理上感到解脫，身體也隨之輕盈。

當然，這並不代表你要當一個是非不分的鄉愿。在寬恕的同時，還是要釐清責任的歸屬，還是要設立人我的界限，還是要有自尊地採取行動。這些事情都沒有商量的餘地！但寬恕確實能讓我們放下過去，減輕你內心的重擔，提升你的幸福感，心無罣礙地邁向未來。

## 關係主權在我的益處

- **能量**：通常能量會隨著不斷使用而耗盡，以體力為例，你在運動後會覺得疲累；但人際關係中的正能量則非如此。那些運用正能量的人，會在與他人的互動中重新補充能量，一面提供別人活力，一面也提供自己生氣，形成一個正向的回饋循環。
- **覺察**：你的人際關係會讓你更深入了解自己。你將發現所有的隱形創傷會透過焦慮、恐懼、憤怒等情緒觸發的形式顯現出來。
- **健康的界限**：一開始要設定界限時，你可能會覺得不太自在，而你身邊的人也可能會覺得意外，但長遠來看，這樣做絕對是短空長多。學會設立界限是最有價值的技能，這能讓你尊重別人，也尊重自己。
- **力量**：在你學會激勵他人並設定良好界限的同時，也要確保自己獲得足夠的能量補給，如此，你的個人力量將會隨之成長。

## 主導人際關係的行動計畫

我們都有能力運用正能量與他人建立連結，這能讓我們成為更好的自己，也發揮最大的潛能。

你與每個人的互動，不論是跟親近的人還是陌生人，都是拉人一把的機會。在這個過程中，你也能提升自己的能量和幸福感。以下是能與自己及他人建立更健康關係的六大計畫。

### 一、將人際關係視為自我療癒的良機

把人際關係視為你與自我關係的一面鏡子，試著思考或在寫日記時反思以下的問題：

- 過去與現在的人際關係，如何幫助我對內心烙印有更好的理解？哪些事情最容易觸發我的情緒，是我的雷區？

- 在不同的時期和關係中，是否有反覆出現的模式？這些模式透露了什麼訊息？
- 在你的人生中，有哪些時刻、哪些領域（例如工作），或哪些人際關係中，你曾經是（或表現得像是）別人的「能量消耗者」？這樣的行為讓你有何感受？它如何影響你的人際關係？這種互動方式導致什麼後果？
- 你最認同的正向能量傳遞者是哪一種類型，是壓迫者、犧牲者，還是明星？
- 你在哪些方面自覺會消耗能量？又該如何改進這一點？

## 二、療癒關係中的不安全感

你容易在人際關係中感到不安嗎？其實，這種不安全感極為普遍，而且往往根深柢固。但我們可以藉由「反洗腦」（deprogramming）的方式，治癒拒絕敏感度。當你能自我肯定，就不會過度依賴它們的肯定。

像「反映最佳自我」這樣的練習（詳見第二章的行動計畫）也很有幫助，它可以幫你收集與你親近之人的客觀資訊，進而減輕你內心的不安全感。

我在第二章提過，我的同事森德麗．哈徹森跟我曾做過一項關於「慈愛冥想」

的研究，這種冥想有助於你體驗無條件的愛。結果我們發現對拒絕越敏感的人，越能從慈愛冥想中受益，因為這能幫助他們回想起從他人那裡獲得的愛，同時也能讓他們體驗向他人傳遞愛的益處，進而加深與自己及他人的連結。

## 三、為自己加滿油，充飽電

你的人生不需要別人來完整，沒有人可以「完整」你，只有你自己才能做到，別人的經驗取代不了你的人生。

當你忠於自己，療癒內心的創傷，並獲得內心的滿足，你就可以成為一個優秀的朋友、伴侶、子女、父母，乃至扮演好生命中的每個角色，同時也能提升他人的生活，讓正能量與積極性生生不息。

有時候我得提醒我老公我的能量水位偏低，請他務必好好支持我。在這些時候，我會希望他的油箱能量夠充足，否則我們就必須商量雙方該怎麼調整，才能讓彼此相處與照顧孩子等各方面呈現最好的狀態。

## 四、練習設定界限

練習表達你的需求，爭取你應得的東西，並在別人不尊重你時予以反擊。每當有人侵犯你的底線時，都是你建立與強化界限的好機會。

當你剛開始學習設定更明確的界限時，可能會不小心用力過猛，或把防線拉得過高，你說話的語氣或許會有點強硬，畢竟你缺乏練習。我會知道這點，是因為我也曾經歷這樣的過程，這的確會令人戰戰兢兢，找不到適當的平衡點。

有一次，我去照顧一位剛動完手術的朋友。當她在家靜養時，她的伴侶對我不是很尊重，一副頤指氣使的模樣。他是個體型有我三倍壯的男人，個頭大，脾氣也大——老實說還挺嚇人的。但我決定不退縮，堅持自己的立場，所以儘管我聲音顫抖，但還是告訴他，我覺得他的態度很傲慢，而且我是來照顧朋友，不是來幫他洗碗的。嗯，結果那之後他就收斂多了。

凡事都是熟能生巧，為自己出頭也是一樣的道理。就算一開始有點彆扭，但你會慢慢進步，直到那變成你的一種本能。

## 五、慈悲是善意溝通的智慧

在研究幸福科學二十年之後，我可以誠心地說，那些過得最幸福、最充實（同時也是最健康、最長壽）的人，往往都是心懷慈悲者。正如我在本章說過的，慈悲不僅有助於身心健康，也會延長壽命——當然，前提是你也要懂得自我關懷。

請記住，在你每次提攜、幫助或支持別人時，你也會從中受益。這是一種雙贏。如果你很忙，那麼，即使是一閃而過的善念——不論對象是商店的收銀員，還是你談戀愛的對象——他都可以扮演快樂的觸媒，讓你與對方都在幸福之路上前進一小步。要是你有較多的閒暇，不妨思考以你的能力與專長，有什麼是可以為他人服務的。

【寫出你的詩歌】

## 你如何看待自己？

我選擇進入一段具有破壞性的關係，
然後，我又選擇留在其中。
這可是一連串的選擇，是吧？
但我不怪自己。

然而我也不是在責怪當時的伴侶。
我只是單純在反思：
我任由自己處於那樣的境地，其實正反映了我對自己的看法。

如果你不喜歡自己，

你的伴侶可能就不會好好待你，同時你也不會善待自己。
我們與人的互動，是對自我價值的鏡像反映，
世界就是我們心靈的鏡子。
你的想法創造了你的世界、你的現實。
你的現狀正在告訴你：
你，究竟是如何看待自己的。

第六章

# 成為直覺的主人

庫夏爾是一位充滿抱負且成功的年輕紐約交易員，九一一恐攻那天，他才剛到公司，走進辦公室所在的其中一棟雙子星大樓，事情就發生了。

在飛機剛撞上大樓時，所有人收到的指示是要待在大樓裡，不要出去。庫夏爾遲疑了一會兒，然後他決定聽從自己的直覺，衝出大樓，幾分鐘後，大樓就轟然倒塌。這場災難徹底改變了他的人生，倖存的他將自身經歷寫進了《千鈞一髮（暫譯）》（*On a Wing and a Prayer*）書中。

## 強烈而堅定的內在指引

你是否有過這樣的經驗：你明知不該超速，但還是踩下油門，結果被警察攔了下來？或者你明知一段感情已經走不下去了，但你還是拖了五年（甚至是二十年！天啊！）才跟對方分手？你早知自己不該這麼做，直覺已經告訴你了。不論是超速被逮，還是跟你覺得不該嫁（或娶）的人結婚。雖然形式不同，但本質是一樣的。我們可以對外辯解自己不是故意的，但內心深處我們又騙得了誰呢？

人類也是動物的一種，而動物的生理機制就內建了直覺能力，那是一種跟大腦有某種聯繫，但肉眼看不見的智能維度，也是一種內在智慧。

為什麼一本探討個人主權的書，要扯到直覺呢？因為大部分的人所受的教育，都告訴我們，好的決定必須經過理性的深思熟慮，不能聽信直覺。因此，直覺在外的「名聲」並不好，長期以來是一種負面標籤，它意味著「缺乏證據支持的主觀意見」，

但研究證明，直覺是一種優雅、微妙且速度快到令人難以置信的感知能力，在做決定時，若能綜合理性的分析及直覺的洞察，你就會更有創意、更具洞見，也更能察覺周遭發生的一切。這種能力甚至可以在關鍵時刻救你一命，就如它救了庫夏爾一樣。

在心理學領域，直覺是神祕而充滿爭議的存在，但我跟一些同事都很有興趣深入去探索這種形式的認知。因為人一旦掌握這種令人憧憬的認知能力，就能帶著更大的自主權悠遊世界。

## 忙著接收外界訊息，就會忘記向內探索

你可以將直覺想成是一種本能或感應，一種能導引你方向的內建羅盤，也是我們

與生俱來的寶藏。人之所以擁有本能，就是要讓我們在這個複雜的世界裡自然地趨吉避凶。

然而這個世界過於吵雜，造成我們與自我的疏離，而埋沒了直覺的重要性。正如前面幾章都提過，我們每天都在接收大量資訊，包括：

- 外在的物理世界：我們透過視覺、嗅覺、觸覺、味覺和聽覺感知周遭發生的一切。
- 內在的生理世界：我們身體的體驗、需求與感受，例如：飢餓、疼痛、渴望與能量的變化。
- 內在的心理世界：像是不斷流動的思緒與想法，以及各種心理烙印和記憶。
- 內在的情緒世界，情緒起伏如波濤洶湧，會影響我們的內心狀態。
- 虛擬世界：社群媒體、手機、訊息、廣告、娛樂、人工智慧等，都在不斷分散我們的注意力。

此外，我們也聊過隱藏在媒體與廣告中的訊息，有時我們無法感受到它們的影響，或是察覺不到它們的存在。

我們身處訊息的洪流中，應接不暇，分不清楚方向，總有眾多的事物讓我們分心。

## 「身在其中」的體感

英文的「understand」這個字，正好反映了這種現象。這個字源自古英文的understandan，直譯為「身在其中」。

我們只能感知到那些在五感範圍內，也就是我們「身處其中」的世界。然而在這個世界之外，還有另一個我們的五感感知不到，但肯定存在的世界，像是：在你皮膚上爬行的微生物、飄盪在空氣中的微粒、由電磁波交織而成的Wi-Fi網路訊號、你伴侶內心的焦慮、遠方某座城市的車流。此外，還有蒼蠅、貓咪和老鷹能感知到，但人類卻無法察覺的諸多氣味與顏色。

直覺是一種另類的認知技能，能夠幫助我們以超越感官和邏輯思維的方式，悠遊在生活各種複雜的系統中，你可以把直覺看成是understand古文原意所描述的，是種「身在其中的體感」（inner-standing）。

在此我會交替使用「直覺」（intuition）、「靈感」（gut feeling）與「本能」（instinct）等字眼，因為它們本質上都是在描述類似的現象：用超乎或不僅止於理性或智識的管道，迅速感知到信息。

## 相信直覺就不夠理性？

每個人內在都有一個指引方向的羅盤，但我們往往會忽視它或架空它，就像被囚禁的動物也會失去在野外求生的本能。如果這些動物被野放回大自然，恐怕是凶多吉少。

同樣的狀況也發生在人類身上。我們常自我閹割了許多直覺本可提供的天賦能力，刻意不去收聽其頻率，或是索性把天線收起來，結果就是我們原本就已狹隘的感知能力大打折扣，更遑論要表現出潛在的洞悉力與創新的發想力。

## 三思不如不思，理性不如直覺

很多人一聽到「直覺」二字，就白眼先翻了再說。我們對直覺充滿質疑，看重理性更甚於一切，認為凡事不要貿然躁進，必須「三思而後行」、「謀定而後動」。

我們甚至將直覺、本能與內心感受視為瘋狂的迷信，認為這些感受都不過是邪說異端，是一種帶有缺陷的奇思妙想，只有多少有點瘋癲或徹徹底底的愚蠢才會跟直覺沾上邊。

因此，我們想要用實事求是的研究精神來找到「有所根據」的依存，認為知識是必須透過一定程序得以被證明為真的信念，但這樣做有時會讓人變得心胸狹隘，不夠敏感，因為我們會試圖釐清事情，將之進行分類、剖析和批判，努力「想清楚」，卻忘了傾聽內在的感受，使我們無法發揮完整的潛能。

教育學者、作家兼「解放教育」組織（LiberatED）的創辦人迪娜・西蒙斯博士（Dena Simmons）就表示：「許多美洲與非洲的原住民族，都會憑著直覺求生。無論對環境、地球，或人類的潛在威脅，都是靠直覺感知。可惜這種智慧沒有獲得更多的尊重，我們就是不懂得重視前人的知識，殊不知先輩的智慧可以為我們指點迷津。」

## 我們對大腦的運作一無所知

身為學者，我對科學與理性懷有極大的敬意。我樂見嚴謹的邏輯論述（也試圖寫出言之成理的論文），無法接受那些不合理的論點。只不過，我們不該因為追求理性、邏輯與證據，就羞於承認其他見解的來源，甚而詆毀或抹滅那些出身另類的觀點。

真正的智慧，在於理解人類除了智力之外，還有其他的機制可以消化資訊，要心懷謙遜地明白我們有所知也有所不知，還要對未知領域採取開放的態度——尤其是與「人腦如何運作」相關的問題。

我們的身體是一種比任何現代發明都還要複雜精密的通訊裝置。像是大腦就極其複雜，當中仍有許多認知和覺察機制有待科學進一步解析，而人類也還未能真正學會如何運用它們。

埃默里大學（Emory University）行為神經科學中心創始主任湯瑪斯・英塞爾博

士（Thomas Insel）曾擔任美國國家精神健康研究院（National Institute of Mental Health）所長長達十三年，他說：「我無法告訴你——也沒有人能告訴你，大腦作為處理資訊的器官，究竟是如何運作的。它運轉的原理是什麼？『意義』是什麼東西？它儲存在哪裡？在大腦中看起來是什麼模樣？我們對大腦的運作機制真的是一無所知。」

對於一個人類還沒有好好研究過，且所知有限的範疇，我們有什麼資格將之棄如敝屣？

## 走在科學之路上的直覺研究

身為心理學界最知名且備受尊敬的社會心理學家戴瑞・貝姆（Daryl Bem），甚是癡迷於「直覺」這個概念，他於二〇一一年發表的論文，就是以此為主題。且不說他為該論文花費近十年的時間，蒐集數百位受試者的數據，還運用了當時被認為相當嚴謹的研究方法。

比方說，他研究受試者是否能預測圖像將會出現的位置（這些影像的出現，是由程式隨機決定的）。結果顯示，在大多數實驗中，受試者預測的準確度，高於機率所能解釋的程度。

他的研究成果在心理學界造成極大的轟動，既有人讚賞，也有人嘲諷。因為當時正值心理學界因研究方法有缺陷，可信度備受質疑的時期（其實直至今日仍是如此）。

但貝姆遭到學界猛烈逆風還有另一個原因，那就是他的聲明與心理學對於心智的理解完全背道而馳。其中讓最多人跳腳的是一項不容挑戰的信條——因果關係，必須先有因才能有果，任何事前預測都是不可能的。

在心理學領域裡，就是有一些成見會給這些非主流的認知形式潑髒水，社會大眾也有人會將之貼上「瘋子」的標籤，視為異端。在我還在唸研究所時，曾聽說系上有人提供一筆資金，指定要用於超感官知覺能力（extrasensory perception, ESP，俗稱第六感）的研究。雖然研究經費極為珍貴，畢竟研究需要資源才能進行，但沒有人敢申請這筆錢，畢竟誰都怕成為被笑、被酸的對象。

這還挺有趣的，不是嗎？科學家不是最應該抱持客觀且開放的心態，才能發現新知嗎？怎麼這會兒他們會主動在可能的新發現面前止步，只因為同儕壓力、囿於成見，也畏懼探索那些不符合主流框架的研究領域。

我聽過一種說法是，科學家有兩種，有一種是什麼都不相信的憤世嫉俗者，另一種是什麼都不確定的懷疑論者。兩者的差別在於，前者會說：「這是不可能成功的。」而不去做實驗；後者則會說：「這樣行得通才怪！」但仍會去做實驗。第二種科學家會對各種未知及可能犯的錯誤抱持開放心態，因此能獲取新的發現。

曾幾何時，心理學界還將冥想視為邊緣議題，既不被重視，也不受待見。事實上，在我唸研究所二年級時，兩位擔任我導師的教授曾警告我：「妳不會想被歸類為只研究冥想的人，相信我，妳得去做點其他的研究東西才行。」然而十五年後，冥想已成為學術界熱門的研究領域，每年的論文產量都是數以千計。我跟我的同事森德麗・哈徹森當年共同發表的冥想論文，至今已被同行的期刊引用不下數百次，在其他書籍與文章則被引用過逾千次。我深信，直覺很快就會成為研究主題裡的另一個當紅炸子雞。

## 直覺權限升級

用通俗的話說，直覺就是我們在瞬間產生某種想法或傾向，雖然無法解釋它從何而來，卻有很強的動力想實現它，是一種「不經思考的思考方式」。

它蘊藏我們的過往經驗與各式狀況的收集，讓我們在尚未用大腦清楚意識到之前，就先發送一個如何做出決定的訊號。如果能善用直覺，讓它作為嚮導，將能帶領你做出最好的決策。

## 打開內在藍芽，連接最高智慧與能量

直覺或許對「理性人」來說是個極大的挑戰，因為這違反他們做事必須慎思熟慮的原則。

然而誠如法國哲學家帕斯卡所言：「心靈有自己的邏輯，理性對此一無所知。」有些我們靠普通官能無法感知的東西，確實能從直覺處獲得警示，進而有效迴避威脅自己生存的事物。

## 直覺是透過觀察培養覺察

覺察是掌握各種主權的關鍵，對於直覺來說，覺察也同樣重要。而最有認知特色的直覺形式，是一種「超感知」（hyperawareness）的狀態。

海軍陸戰隊軍官莫里斯・「奇普」・奈隆（Maurice "Chipp" Naylon）是《新真理部（暫譯）》（*The New Ministry of Truth*）一書的作者，他分享了他在阿富汗的經歷。他告訴我，美國海軍陸戰隊的「戰鬥獵人」（Combat Hunter）訓練，是將直覺訓練系統化的一種方式，學員能夠培養敏銳的觀察力，練習留意在環境中不尋常的變化。譬如奇普在阿富汗進行巡邏任務時，如果發現一個平時很熱鬧的遊樂場突然變得空蕩蕩，這種異狀，代表可能有危險潛藏。

奇普解釋道：「對身在阿富汗這個異國的我們而言，永遠無法理解當地的文化常態，所以我們的應對方式，就是確保要有當地的士兵與我們一起巡邏。如此一來，當周遭發生外地人看不出來的異常變化時，我們也不用擔心，只要透過觀察當地士兵的反應來判斷即可。只要他們還悠哉地有說有笑、吞雲吐霧，那事情基本上就沒有大凝。但如果他們收起了笑容，一臉嚴肅，雙手緊握武器，那我們就知道要繃緊神經了。」

他還提到忽略這些異狀可能帶來的危險：「有一回，原本跟我們一起巡邏的八到十名阿富汗士兵，突然就不見了。短短幾分鐘後，我們就遇到自殺炸彈客的襲擊。那次就是我們未能及時察覺偏離常態的信號。」

## 直覺是生理訊息

你可曾待在某人的身邊時，有種不對勁的感覺，但又說不上來為什麼，你就是想要離開現場，但理智上又不知這股衝動從何而來？

其實這就是種內在的直覺，具有一定的生理性與共感力。心理學家將「共感」定義為「感受或體驗他人情緒的能力」，也就是所謂的「心理共振」（psychological resonance）。我們的身體如同一塊精密的共鳴板，能接收到旁人的生理與情緒狀態，這就是情緒具有傳染力的原因：當你身邊的人壓力大時，你也會感受到壓力；當對方放鬆時，你也會跟著安心。

讓我們回到第三章提到的「情緒壓抑」，這是一種常見、但對我們不利的情緒調節方式。如果你交談的對象正在壓抑怒氣（也就是心裡很氣，但並未顯露在臉上），你的心率也會改變：它會加快。此時，你的理智尚未察覺任何異狀，但身體已經感應到潛在的危機——對方有什麼事瞞著你——於是你的神經系統先發制人，觸發「戰或逃或僵住」的本能。

這種本能反應在動物界也很常見。例如，在馬匹輔助療法[1]中，患者會接觸到一名治療師與一匹馬。如果病人明明害怕馬，但硬要假裝很鎮定，馬就會顯得焦躁不安。但只要病人承認：「好啦，我就是怕馬。」馬就會平靜下來。這是什麼道理？難道馬兒有靈性到可以聽懂人話？答案是：就像人類一樣，馬也可以靠直覺接收到非認知層面的訊號，進而感知到危險。

從生理學的角度來看，無論是動物還是人類的身體，都會把「不老實」或「不真誠」的表現視為警訊，因為那代表對方對你有所隱瞞或不夠坦誠，這可不是好事。

1　Equine-assisted psychotherapy，簡稱EAP。指人們在心理健康專家的監督下從事諸如梳理馬匹、給馬餵食和牽馬等活動。

我們的大腦在察覺情況時反應較慢，但身體就不一樣了，主要是人體有感官可以接收理智尚未感測到的資訊。也許就是因為這樣，英文才會稱「直覺」為「gut feeling」。這種「來自內臟的感覺」，是一種特殊的情資，比單獨靠大腦運作來掌握外來情報要迅速得多。

## 直覺是自動化的心智活動

我們都經歷過自己無法解釋的直覺預感。有時，你做出的某個決定看似合理，但感覺就是不太對。又或是相反地，有些選擇看起來毫無道理，卻讓你覺得應該去做。

德保羅大學（DePaul University）的心理學教授喬瑟夫・米柯爾斯（Joseph Mikels），把直覺視為一種情緒歷程。我們會感覺有什麼東西不對勁，但又不清楚這感覺所為何來。例如，在九一一恐攻時身處世貿雙子星大樓的庫夏爾，當時根本沒有時間理性思考該怎麼做，他必須當機立斷——而他覺得跑出大樓是比較正確的。

米柯爾斯的研究發現，直覺能幫助我們做出更好的決策，特別是在複雜的情況下。他的研究顯示，當你面對一個需要處理大量信息才能做出的複雜決定時，若能聆聽你的直覺——也就是你的內心感受——這樣做會比單純依賴理性分析更有可能做出正確的選擇。這種情況並不適用於一翻兩瞪眼的簡單決策，但在複雜的抉擇中，情緒會是更好的軍師。此外，對年長者而言，因為認知能力已不如年輕時敏銳，因此一個人的直覺會隨著年齡的增長而更顯重要。

新南威爾斯大學的心理學教授裘・皮爾森（Joel Pearson）與克里斯・唐金（Chris Donkin）進行了一項研究，證明我們的情緒能提供超越意識層面的資訊。

在他們的研究中，受試者得判斷一個點會出現在螢幕的左邊或右邊。但受試者有所不知的是，在點出現之前，會先快速閃現一張圖片（可能是正面情緒，如可愛的小動物；也可能是負面情緒，如車禍現場）。圖片出現的時間極短，速度快到受試者無法有意識地看到，但他們的大腦會在潛意識裡感知到這些影響所帶來的正面或負面情緒。當圖片為正面感受時，點總會出現在螢幕右邊；若是負面感受，則會出現在螢幕左邊。不久，即便受試者無法看清圖片影像，他們仍能靠潛意識接收到的資訊，準確預判點會出現的方向。

裘・皮爾森指出：「我們的研究找到了強有力的證據，顯示無意識的感覺與情緒，可以與有意識的感受聯手，幫助我們做出更好的決定。」然而他也提醒：「直覺是否可靠，取決於你所依賴的資訊多寡。」換言之，我們若缺乏足夠或正確的訊息，直覺也可能誤導我們。

## 直覺是潛意識處理信息的結果

有些心理學家認為直覺更多是出於潛意識，也就是說，你的大腦在不知不覺中將各種信息連結起來時，即便你沒有意識到，它們仍在進行處理，並以直覺的形式呈現出來。

在特定領域擁有豐富經驗的人，像是醫生或藝術收藏家，可能會因為受過高度專業訓練或經年累月的經驗而產生強烈的直覺。研究顯示，經驗老到的牙醫在需要快速做出決定時，如果依賴直覺，往往會比單憑理性判斷做出更好的選擇。

國際拍賣龍頭佳士得的前總裁道格・伍德翰（Doug Woodham），分享了一個類似的經驗：「當你站在一件藝術品前，憑藉你對這位創作者及其大量作品的充分了解，你便能感覺它是真跡還是贗品。」

再以我為例。我不是哥德式建築的專家，但我一到耶魯大學的校園——那裡許多建築都是哥德式風格——總有種感覺：「這個地方雖然看起來很古老，但感覺還不夠老。」在法國長大的我，從小就生活在同樣風格、但已有數百年歷史的哥德式建築群中，我無法解釋為什麼，但我的直覺告訴我：耶魯的建物只是仿古，並沒有歷史感。而事實也的確如此。

## 直覺是創新與創意

關於直覺，一種比較抽象的理解方式是將其想像成「感受力」。被視為天才的愛因斯坦，把他在科學上的發現及突破歸功於直覺：「所有的偉大科學成就都始於直覺。我相信直覺與靈感……有時候不需要任何理由，我就是很確定自己是對的。」他還說道：「相對論就是憑藉直覺，浮現在我腦海的。」

根據心理學暨腦科學教授強納生・斯庫勒（Jonathan Schooler）的研究顯示，突然現身的洞見往往降臨在你放鬆且不刻意集中注意力的瞬間，例如在洗澡、散步，或悠哉地從事其他活動。由於這時你處在 $\alpha$ 波的模式中——既未百分百聚精會神，也非徹底放鬆，而是介於兩者之間。就是在這種時候，解決問題的程式會有如鴨子划水在背景運作，繼而火力全開地提出解決方案。（我有個研究創意、且一天到晚在想點子的朋友就是衝著這點，總開玩笑說他每天要洗好幾次澡！）

愛因斯坦宣稱他之所以能接通與直覺的連線，靠的便是藝術：「音樂是這股直覺背後的驅動力。我父母讓我從六歲就學拉小提琴。我的新發現，便是從音樂感知中所結出的果。」而相關研究也證實了這一點，顯然有些音樂──非得是莫札特的音樂，貝多芬的不行──會召喚出 $\alpha$ 波的頻率，而這種腦波又與人的注意力及認知能力有關。

你可以將之想成是潛意識在那一刻幫你把「點」連成「線」跟「面」，將所有的線索串聯起來──如同包括愛因斯坦在內的一眾科學家或藝術家，都是在這個瞬間獲致他們的「啊哈」洞見，那是一種心態格外開放、特別能感受到靈感的狀態。不論是你此刻在閱讀的這本書，還是我的上一本書《你快樂，所以你成功》，其靈感十有八九都是萌發在我散步的林中、在健行踏青的途中，或在我靜坐冥想的時候。那感覺就像是當時我聽到了眾多的話語，之後再謄寫下來。

有一回，我跟我老公突然面臨沒有保母的困境。我們走投無路，非常絕望。我隔天就需要一個我信得過的人接手，否則我們夫婦倆上班就會出問題。我被這個難題搞到精疲力盡，然後我索性決定不想了，先去靜坐冥想吧，畢竟一天靜坐兩次是我的日常。在冥想尾聲，我即將起身之際，突然聽見耳邊傳來一聲：「馬利的媽媽。」可不是嗎？馬利的媽媽棒極了！她有八個孩子，擁有無比的耐心與溫暖，作為保母人選她無可挑剔。我一通電話打去，正好她有意從目前的崗位上離職。於是選日不如撞日，她在隔天就成為我們家的一份子。你說這是不是很神奇？

這裡有個值得我們深思的疑問是：為什麼小朋友往往更有創意，更為敏銳？他們可以用紙箱造出城堡，用枕頭疊出堡壘，用樹枝跟石頭組出車子。因為小孩處在 $\alpha$ 波中的時間，要比大人多很多，孩子不像大人，他們做得到活在當下，做得到帶著玩心度日，做得到好好休息，也做得到活在白日夢裡。不過，這樣的前提，是孩子不能被3C用品搞到分心。習慣了iPad的孩子會一離開螢幕，就不知道該怎麼「玩」了。

而身為大人的我們，在這個什麼都講求「衝衝衝」的快節奏社會，已經不再在生活中為單純的快樂、無關緊要的活動、不具生產力的閒暇時刻留出空間了，而這些事物都是α波的催化劑。

一個基於主權而生活的人，會擁有在日常中關機的能力，會明白在身心放鬆的時刻，蘊含著真正的能量、創造力與新意，這樣的大腦更能跳脫框架去看事情，更能從廣闊的視角去理解事物，更能靠直覺悟出複雜問題的解決方案。

商業智庫波士頓諮詢公司（Boston Consulting Group）的調查顯示，創新在大部分公司輕重緩急的任務裡，都可以排進前三名。但有多少公司能了解，為了激發員工的創意思維，他們必須鼓勵同仁花更多時間休息和放鬆？有項研究顯示，去大自然裡待個三天，全程不插電，可以讓你的創意提升五成——因為大自然會讓人快樂、紓解壓力，進而處於α波的狀態。要是有企業願意以這種方式去激發員工的創意，天曉得他們可以創造出多少額外的業績！

## 相信「直覺」，它比你想得更強大

以下，我們將探討軍方、科學界與藝壇對直覺的不同見解，並了解我們是如何束縛了自己的直覺，以及該如何善用它來獲得更強大的自主權。

## 直覺決策——琳恩的故事

琳恩・提爾頓（Lynn Tilton）在喪父時，還是個十來歲的少女，她深刻體會到家中失去主要經濟支柱會遭受何等衝擊，但她還是靠著網球獎學金進入耶魯大學。

在耶魯就讀時，琳恩結了婚，畢業不久便懷孕。在離婚後，她進入華爾街工作。當時是八〇年代，身為年輕的單親媽媽，她雖然事業有成，但遇到職場性騷擾是家常便飯。在賺到足以養活自己與女兒的錢後，她曾短暫萌生過退休的念頭，直到她做了一個夢——或說是以直覺形式出現的意象——她的人生從此改變。在夢裡，她已故的父親對她說：「我對妳的期望，絕不是僅此而已。」

由此，她意識到她不能獨善其身，而需要將人生下半場奉獻給那些曾跟她一樣，因頓失經濟來源而陷入困境的家庭。於是，她創立了「創辦人夥伴」（Patriarch Partners）這家投資公司，專門收購瀕臨破產的企業，並予以重整，讓它們轉危為安。

琳恩之所以成功，是因為她選擇相信自己的直覺，而不是讓內心的理性和邏輯澆息自己那些「神奇」或「不科學」的想法。這位後來被譽為「轉機女王」（Turnaround Queen）的女性，成功拯救了數十萬人的工作。此外，她還成為美國規模最大的女企業主，旗下有七十萬名員工聽她調遣。

由於琳恩太成功，事業做太大，因此許多人（包括政府機構）質疑她一定是從事什麼非法勾當，而試圖告她。但她拒絕妥協，即使得花費數百萬鉅額的訴訟費用聘請律師，並承受巨大的壓力，她仍堅持到底，因為她深知自己是清白的，經營的企業絕無不法之處。這樣的她，正是擁有主權的表現。

當我為這本書採訪琳恩時，她跟我分享道：「我確實是憑藉直覺行事的，但光有直覺卻沒有智慧，就像飛機沒有引擎一樣。我一定會先進行詳細的分析，但最終的決定是來自我內在的『確信』。你無法關閉你的直覺。如果為了做某件事，你必須關掉內心的某個部分，最終你只會覺得很不快樂。」

她並不是唯一展現直覺領導力的企業主。研究顯示，有高達百分之八十五的執行長在做決策時，往往會依賴直覺。

## 生死一瞬間——直覺如何救軍人一命

美國軍方以各種不同的名稱，對直覺進行了數十年的研究，期望對於人類的表現能有所助益。

你可能聽過「遙視」（remote viewing），這是一種美軍與中情局都在進行研究的直覺訓練法，後來在搞笑電影《超異能部隊》裡被拿來當梗嘲諷。

儘管美軍後來暫停了這項計畫，但許多從阿富汗與伊拉克戰爭返鄉的軍人都宣稱，是直覺在關鍵時刻救了他們一命，所以軍方至今仍繼續探究此一現象，比如海軍的「感知創造」（sensemaking）計畫，就是在探討直覺如何發揮作用。

美國海軍研究辦公室的研究心理學家喬瑟夫・孔恩（Joseph Cohn）指揮官，解釋了為什麼士兵的親身經歷，會促使軍方持續研究直覺：「來自前線的報告經常描述一種『第六感』或『蜘蛛感應（Spidey sense）』，讓士兵能察覺即將發生的突襲或引爆的土製炸彈，又或是讓他們能在未經深思熟慮的情況下，迅速對突發情境做出回應。」這種能力正是直覺主權的展現。我們不會每件事情都有那麼多時間去仔細思考，特別是在生死一瞬間的關鍵時刻。因此，能夠在電光石火間獲得資訊並做出決定的能力非常重要。

軍方有許多案例顯示，直覺如何幫助士兵逃過死劫。例如退役的海豹部隊指揮官兼podcast節目主持人馬克・迪凡（Mark Divine），在一次演習中與同僚並肩行走時，突然產生一種強烈的衝動，要他停下腳步。幾秒鐘後，他感覺有顆子彈從他耳邊擦過，如果當時他沒有停下來，那顆子彈就會穿腦而過。

美軍上士馬丁・里奇伯格（Martin Ritchburg）在伊拉克某軍事基地的一家網咖，正在跟妻子通電話時，突然對走進店裡的一個男人，有種怎麼看就是不對勁的感覺。就是靠著這樣的念頭，那天馬丁拯救了十七條人命，因為事實證明他的直覺是對的——那個男人剛在網咖裝了一枚炸彈。

海豹部隊會訓練成員在高壓下保持冷靜，以便在瞬間做出最佳決策。我們雖然不需要參加軍事訓練，但也可以透過類似的方法鍛鍊自己。當你越冷靜，就越容易捕捉到環境中更多的細節。這也是軍方科學家會研究靜坐冥想對於軍事訓練的益處，因為冥想可以讓我們更加冷靜，並保持覺醒。

## 聽從你的心——「不小姐」的故事

希薇・基蘭（Sylvie Guillem）或許是芭蕾舞界最接近超級巨星的人物，而她之所以如此成功，多少得歸功於她懂得遵循自己的直覺。

她的表演享譽全球，散發出罕見的力與美。我有幸現場觀賞過她的幾場表演，每當她上台時，全場觀眾都會屏氣凝神，從內心發出讚嘆。她的能量充滿感染力。

她是巴黎歌劇院芭蕾舞團（Paris Opera Ballet）史上最年輕的「首席舞者」（étoile）——這個字在法語中是「星星」的意思，而此頭銜即代表舞團中最優秀的舞者，通常擔任主角。因此當她成為有史以來自願離開巴黎歌劇院芭蕾舞團的最年輕舞者時，震驚了全法國。

她何以要退團？因為她覺得舞團對她的控制超出了她的底線。她想要主導人生，也就是要按自己的方式生活。她被英國人稱為「不小姐」（Mademoiselle Non），意思是問什麼都說「不要」的小姐。後來，她在英國皇家芭蕾舞團（Royal Ballet）繼續她的職業生涯。

在接受訪問時，被問到她是如何做出人生重大的決定，例如離開巴黎歌劇院芭蕾舞團時，她的回答是：「我會善用直覺。」她進一步解釋說，這正是她從不後悔的原因——這是一個有力的宣言。當問及直覺從何而來時，她說：「就在你的整個身體裡！」而她也是以這樣的信念在跳舞，彷彿她體內有面鼓，她就跟隨內心的節奏，把她作為舞者和表演藝術家的潛力發揮到淋漓盡致，也激勵了全世界無數的人。

## 待開發的直覺天賦——遙視與透視

至於最抽象的直覺，像是心靈感應、透視、遙視、預知未來、做預知夢……等現象，又或被歸類於「特異功能」。對此我們目前仍知之甚少，且仍有不少爭議，還沒有太多學者去研究其背後的原理。

### 通靈姊妹花

在為本章做研究時，我結識了一位名叫米希爾的男子，主要是我聽說他的女兒們曾用直覺幫人找到了一個失蹤的孩子。米希爾跟女兒住在多倫多，那裡有一名中學生離家出走，行蹤不明。失蹤學生的爸媽在耳聞米希爾女兒的天賦後，用電話聯絡了米希爾，希望他的女兒能伸出援手。

米希爾的女兒於是透過靜坐冥想，鉅細靡遺地描述了失蹤少女的所在地，包括那裡是個什麼樣的地方，外加她夜裡是睡在什麼樣的棚子後頭。我訪問了米希爾其中一個女兒，談的就是這件事——在此容我稱呼她為迪娜。迪娜告訴我：「街道的名字很模糊，看不太清楚，但我們姐妹倆可以看到那片市區有什麼地標，藉此判斷出她人在多倫多的哪個街區。」就靠著這對通天姐妹花的直覺，失蹤少女得以平安回到爸媽身邊。

米希爾向我解釋說，他的兩個女兒都修習過般若瑜伽（Prajñā Yoga），也就是所謂的「直覺課程」（Intuition Process），這是一門由生活藝術基金會，也就是我學習呼吸法與靜坐冥想的那個機構，為小朋友開設的課程，其核心概念是直覺是一種可以習得的認知技能，而且兒童最容易學會。

這個為期兩天的直覺課程引發我的好奇心，於是我決定給我五歲的孩子報個名。這是兩天為期四個小時的課程。在第二天，課上到一半時，家長可以到課堂上觀察孩子進行一種蒙眼的活動。每個孩子面前都有兩張著色畫，上頭的圖案是一隻玩具熊，其中一張著色畫已經有顏色，另外一張黑白色調的圖畫則否。孩子們收到的指示是按照已經有顏色的那張去為另外一張著色，而他們在戴上眼罩之前並未見過這些圖像。

我站在一個嬌小的五歲孩子身旁，看著他選擇了正確無誤的顏色，開始為玩具熊的耳朵著色，而且一點也沒有突出線條外，就好像他沒有嚴實地把眼睛蒙上，而是完全看得見似的。這讓我不由自主地流下淚來。我不確定是否因為這一幕太不可思議，所以讓我在震驚中有所感動，而且還竟是這麼個小不點在為我示範這種超凡的能力。我們若能發揮全副的潛力，再加上適當的訓練與打通的直覺，也許人人都可以擁有這樣的能力。

然後我走到兒子身邊，他並沒能像我剛才看到的小朋友那樣，準確地把顏色填入圖案的空白處，但至少他確實選對了顏色。我對於這種直覺所能提出唯一的科學解釋，就是這是一種我們尚未發現、也還未研究透徹的認知能力。同時我們對於自己的心靈與大腦是以何種方式在運作，也還有大量有待補全的未知。

## 孩子的直覺，比我們想得更敏銳

我見過關於直覺訓練最令人動容的實例，是在印度同樣也開設了直覺課程的盲人學校。即便失去了視力，那些孩子們仍得以僅憑直覺，就準確辨識出圖片與顏色。他們利用眼睛以外的途徑，發展出了另類的視覺——這是多麼驚人的事，尤其這種能力的應用不僅能造福廣大的視障族群，更是視力衰退之長者的一大福音。

目前，直覺課程只限小朋友參加，或許是因為他們還沒開始質疑自己的直覺能力，不像成年人在教育與限制性信念的制約下，往往已經對自己可能跟不可能感覺到什麼有了定見。在課程的最後，小朋友們會共同宣誓只把直覺用來做好事，至於破解密碼、猜出信用卡號、考試作弊、賭博牟利都將是他們一輩子所不齒的行為。

我並不是很擅長讓兒子每天按表操課，日起有功地練習直覺，但他還是發展出某種不可思議的能力，可以辨識出他人的需求。有一晚，在我們準備就寢的時候，他突然來上這麼一句：「馬麻，妳的身體需要多睡眠跟補充維他命C與D。還有，妳需要給肝臟排毒，暫時少吃油脂食物。還有就是妳可以喝洋甘菊茶，要加一點薰衣草。」身為他的母親，我當然很不客觀地認為他的判斷往往都很準確，而且我兒子本來就很了解我！

有時候他會想來點垃圾食物，而我便養成了一個口頭禪是：「你已經不是小小孩了，很多事情你得自己決定，問問你的直覺怎麼說吧。」讓我有點吃驚的是，在我這麼說完後，他往往會拒吃垃圾食物，或是會勉為其難地吃些原本令他皺眉頭的蔬菜，而這一切似乎都是直覺的功勞。當然這並不是說他每回都會對直覺言聽計從，像前幾天他就這麼說過：「我不想去問直覺怎麼說了，不問我也知道答案。反正人家現在就是想吃餅乾啦！」

## 答案就在你心裡

總之，直覺不是使用理性腦來運作，而是一種我們看不見、感受不到的複雜感受，裡面匯聚了我們前面討論過的各種認知技能。它可以化身為專注力與覺醒的綜合體，可以是人在潛意識的思索消化，可以是一種情緒，可以是生理學層次上的共振，也可以是其他我們尚未徹底破解的某種感受。

在光譜的其中一端，直覺是極度專注的覺察，能向外觀察和傾聽周圍的事物；而在另外一端，直覺是在放鬆狀態下的覺察，可以向內傾聽自身的信號。不論是由裡到外或由外往內，大腦都在接收、感知和消化資訊，並藉此獲致邏輯與理性不見得都明白或能接觸得到的洞見及情報。

這種智能可以訓練，可以被聽見跟被感覺到，但就是不能被用理性去研究跟思索。你只能在靜默中去感知，它會在你靜心的時候浮現。

## 跟隨心靈的GPS，勇敢前行

追隨直覺需要勇氣，正如擁有主權意識意味著必須擁有無畏的精神。有時我們並不容易分辨究竟是直覺，還是其他感受。因為讓我們感到不安的，可能是源於某些過往經歷或心理烙印的恐懼。

事實上，研究顯示感覺到焦慮與憂鬱會折損我們評估自身直覺的能力。你對直覺判斷較精準的時候，多半是因為你能夠冷靜下來——所以我才會再三強調呼吸、冥想等的重要性，這些活動都能讓你進入掌控自我主權的心智狀態，從不確定的內在訊號中辨識出值得託付與信任的資訊。

另一個你需要勇敢信任直覺的理由，是因為人會害怕兩件事情：讓對你有所期待的人失望，以及勇於去做別人視為不合邏輯或不理性的事。但是，難道你要一輩子都活在別人為你設定好的路徑圖中嗎？還是你會想按內心的羅盤去生活？

身為人類社會的一份子，我們都會被一股巨大的力量推著去隨波逐流，選擇從眾。如果你覺得周圍的人都在做「正確的事」，或大多數人都選擇某種方式，但你內心總覺得有什麼地方不太對，這正是你該注意的，因為你的反感可能是種預示，說明有不同的選擇值得探索。只要你成為自己生命的主人，就算在所有人看來都是個錯誤，也不妨礙你認為它是正確的。

## 在直覺思維與理性思考間取得平衡

那麼，我們是否應該對所有的直覺都照單全收，言聽計從？喬瑟夫・米柯爾斯提供了一個跟琳恩・提爾頓類似的好建議。基於他從事的直覺研究，以及直覺對於人在複雜處境中能幫助我們做出更好的決策，他表示自己一定會「諮詢」直覺，並將得到的結果融入他所掌握的其他資訊，然後進行通盤的考量。

將直覺與邏輯相結合，似乎是個集睿智、冷靜與踏實於一身的策略。理性顯然可以在決策中扮演要角，而直覺則能從過往的經驗中提供額外的資訊，讓人進行更周全的思考，進而歸納出最佳答案。

愛因斯坦有過這樣的金句：「直覺是一種神聖的天賦，理性則是忠實的僕人。但我們卻創造出一個尊崇僕人而輕忽天賦的社會。」

給自己一個機會，善用你智慧裡尚未被充分運用之處。花時間與各式各樣的認知、感知與創意建立連結，那些都是你腦迴路裡既有的東西。

## 掌握直覺的益處

- **洞察力**：洞察力是指能深入事物或問題，經由表面現象即可精確判斷出其背後的本質。在運用洞察力的過程中，除了運用理性思考的角度，更需要感性思考（直覺）的輔助。
- **創意**：善用直覺觀察感受，就能連結自己的內在智慧，傾聽內心的聲音，萌生前所未有的想法與見解。這將充實你的人生，也會使他人的人生更精彩。
- **更好的決策**：依循感覺做出的決定有時會比深思熟慮後更好。巧妙掌握運用直覺思維的時機，並讓邏輯與直覺扮演我們思考的雙腳，你將做出更佳的決策。
- **獨立性**：有時候在外人看來，靠直覺行事的你，會有點自以為是的任性。但你知道，那是強烈且堅定的指引，而非單純的衝動本能。你會開始更相信自己，不再那麼需要倚賴他人的意見與觀點。

## 主導直覺的行動計畫

直覺是我們與生俱來的能力，每個人都會，就像天賦一樣，只是需要看見與訓練，才會越練越好用，越練越厲害。

我前面討論過的各種心理操練，像是靜坐冥想、科技齋戒、緘默閉關，乃至於置身大自然，都有助於我們跟與生俱來的智慧連上線，也連帶收穫滿滿的創意和洞見。

### 一、讓反省能力派上用場

擁有主權，必須意識到讓我們與內在聲音分離的那些外在制約。回想一下，你做過哪些忽略直覺的決定，這些決定造成什麼樣的後果？如果是你依照直覺去做的時候，又有什麼感覺呢？你會害怕嗎？其他人又是如何看待你的選擇？你學到了什麼教訓？請在日記裡寫下或在腦中思考以下幾個問題：

- 我是否經常背叛自己內在的智慧，只為了融入主流，在事後又為此付出了什麼代價？
- 我人生中，有多少時間是任由外在的聲音告訴我該如何思考和行動？
- 我是否傾聽內心的直覺與認知，還是動輒就把這些聲音關閉？
- 我是否過度依賴理性行事，而忽略了直覺？

## 二、徵詢你的直覺感受

秉持理性思考與理解事情，固然是睿智的做法，但也別忘了要檢視自身的感受，也就是你的內在認知，是否與你的邏輯思維一致。

比方說，當你必須在A與B之間二選一時，你可以閉上眼睛靜坐片刻。你對於這兩個選項各有什麼感受？你可能會注意到其中一個選項會讓你感到有點緊繃，而另一個則讓你感覺比較放鬆。這需要一些時間覺察，否則一開始你可能感覺不到明顯的差異。你可以先從一些無關緊要，即使決定錯誤也無妨的小事開始，學習掌握其中的訣竅。

最後，你要留意是否有其他因素（譬如恐懼）阻礙你的決定。你之所以緊張，是因為其中某個選項讓你覺得很可怕嗎？抑或那是因為該選項讓你覺得根本就是錯的？有時令人害怕的選項反而是正確的，你只是需要勇氣去克服恐懼，擇善固執。

## 三、讓自己靜下來感受

每天花五分鐘靜下來，將注意力集中於當下，傾聽它，經過一些時間的練習，便會越來越清楚直覺在我們身體裡所產生的感覺是什麼。它知道什麼對我們會是好的，就算一切都充滿著未知數、就算我們無法解釋原因。

希望讀到這裡的你，已經開始培養冥想的習慣。我曾聽過一名佛教僧侶描述靜坐是「傾聽草生長的聲音」。你無須一天到晚冥想，但你確實該騰出時間靜下來，讓自己能聽見俗世噪音以外的訊息，也將這段時間視為你的「主權時刻」。

## 四、安排「留白」的時間

試著放空，清理腦中累積的混沌思緒，讓腦中的記憶體更有效地運作。

你還可以做點白日夢，進入前面提過的α波狀態，這種不聚焦的輕鬆狀態，能打開無形的天線，接收新穎的靈感、洞察力與創意。

你不需要為此特別安排時間，只要在日常生活中做出一些改變，例如：

- 聽音樂——想想愛因斯坦如何從音樂中獲得靈感，以及莫札特的作品對α波的影響。
- 從事創意活動，或可讓你的思緒漫遊、進入α波模式的事情。
- 做任何不需要高度專注的活動，即使是洗碗這樣的日常瑣事也無妨。
- 讓自己處於「不插電」的狀態，給自己一點下線的時間，擺脫電子設備、螢幕，以及任何會讓你進入高度專注狀態的3C產品。

## 五、為沉思創造機會

我們的祖先有時間在太陽西下後進行沉思，也可以在夜裡的篝火邊、在獨處的片刻、在自然裡漫步時保持靜默。他們沒有手機、沒有會讓他們分心的事物，這些時刻的他們只要「存在」就好。

而生活在現代的你，則可以去健行或親炙大自然，去觀察夜空，去讀詩，去做各種能讓你進入沉思狀態的事情。

若你總是心不在焉，總是想東想西，想接回自己的頻率談何容易。你該做的是讓自己的思緒回家，回歸自身。

## 傾聽你的直覺

他們讓你認為，你會丟掉性命，
除非你乖乖聽話，你遵命照辦。
殊不知，
正因為你不聽從他們的命令，
所以你的心才得以存活。

讓心沉靜下來，
只有在這種寂靜、這種靜止中，
你才能聽到心的樂音。

# 第七章

# 成為身體的主人

我們的身體為了生存而不斷演化。身體是我們存在的基礎，是所有體驗的根源，是我們生而為人的起點。為了在其他各方面行使自主權，首先就必須掌控身體。

## 健康不是第一，而是唯一

人類向來都很著迷於ＵＦＯ（不明飛行物體）存在的可能性，卻沒意識到我們自己已經變成了外星人。

這話怎麼說呢？我們的身體是作為自然的一部分演化而來，但我們的生活方式卻常徹底與身體的自然需求脫節，我們放棄了對自己身體的主權，進而陷入焦慮、憂鬱、高壓、過勞、疲憊、病懨懨的困境中。

## 我們虐待自己的身體

野生動物之所以能與自然和平共存，是牠們會出於本能地尊重自己的身體——遵循晝夜節律，保持充足的睡眠與規律的作息，攝取適合自身的食物，進行足夠的運動，曬太陽等。你在野外找不到任何會摧殘自己的身體，或是過度沉溺感官享受的動物。

反觀人類則是……

- 總是精疲力盡，因為我們無視於作息紊亂，飲食失衡。一旦精神不濟，就攝取大量咖啡因強行提神。此舉會導致焦慮，很快陷入情緒低落，以及比之前更嚴重的疲憊之中。而且我們絲毫學不到教訓，並反覆這樣的流程。（我曾目睹有人以紅牛服送抗憂鬱藥物。這讓人不得不疑惑：我們到底在幹什麼？）
- 每天坐六到八個小時。久坐不動的生活方式會讓我們更加疲勞、嗜睡。
- 吃一堆垃圾食物、速食與大量生產的食品，這些食品充滿大量的鹽、油、糖與化學添加物，雖然很好吃，但會讓我們昏昏欲睡，或過度刺激、有害身心健康。
- 失去呼吸新鮮空氣與接觸自然光照的機會，從早到晚生活在人造光線裡，晝夜節律就此被擾亂。
- 鮮少曬太陽，導致缺乏維生素D。我們大多待在四面都是水泥牆的室內，身處混凝土的叢林裡，雙眼直盯著各種螢幕（手機、電視、電腦、平板、智慧手錶等），沒有一樣東西不是在傷害我們的視力與心理健康。有報告顯示，每年有超過三十萬個死亡案例與缺乏足夠的日照有關（具體死因為各種癌症、高血壓、阿茲海默症等），即使口服維生素D吃得再多，也無法彌補天然日照的匱乏。

以上只不過是略舉數例，讓大家了解現代人的生活方式有多荒謬。

我們沒有尊重自己的身體，並忽略它的需求：我們縱慾過度，健身過度，三更半夜還不睡覺，熬夜工作或放縱玩樂。

我們通常只會在長期透支身體後，才會想到要照顧一下自己，像是去買杯綠拿鐵、上上健身房，或是開車到湖畔或海灘休個幾天假，就盼著這能對身體有所補償。

## 食物是最佳良藥——JT的故事

JT是位四十五歲的燒烤廚師，有著病態的肥胖。體重三百四十八磅（近一百五十八公斤）的他為關節疼痛所苦，痛到他一天得服用二十一顆布洛芬（一種止痛藥）。此外，他還有糖尿病前期的症狀，加上睡眠呼吸中止症、高血壓、高膽固醇、腎與肝指數偏高，以及每天都讓他感到崩潰的焦慮。他會定期服藥來抗發炎、止痛，還會吃肌肉鬆弛劑舒緩嚴重的水腫，但這些藥物都毫無幫助。他的腸絞痛嚴重到得住院治療，而醫生開給他的藥也只多不少。不誇張地說，他命在旦夕。

最讓我不可置信的是，竟然沒有任何的醫療人員告訴ＪＴ一項事實：只要他改變生活方式，就可以改善健康。其中有位醫生在給ＪＴ八張新處方箋的同時，還給他一個建議：「別再過三十五歲的日子了，開始像四十五歲的人那樣生活吧！」ＪＴ或許確實沒有碰到好醫生的運氣，但用藥物去逃避現實、逃避責任，確實是現代人很常見的做法。

這時，ＪＴ必須做出抉擇。他是要繼續放棄對身體的主導權，任由健康每況愈下；還是他想對自己負起責任，救自己一命？

最終，有個人要ＪＴ研究一下如何自救，這個人就是他母親。此時的ＪＴ已經無法工作，絕望之下，他姑且照著老媽的話去做。他決定開始徹底吃素。只不過短短三週，他的水腫就完全消失，血壓也穩定許多。隨著時間過去，他的各種檢查數據開始恢復正常，焦慮獲得緩解，甩掉了一百六十八磅的肥肉，同時重返職場，而且成為十分活躍的純素主廚與推廣者。

或許你沒有JT那般病態的肥胖，但你仍可能任由自己受困於健康問題中。你可以選擇與身體建立主導的關係，賦予它活力、保護它、滋養它，充分發揮生命的最大潛能，獲得深刻的自我賦權。

## 我們生活在有毒的世界裡

在我兒子還不會用人話跟父母溝通之前，他們是用另外一種語言，而這種語言就是——濕疹。

在大兒子出生的隔天，他全身就布滿紅疹，連小兒科醫師見狀都驚嚇到倒退了兩步，並建議我們可以在寶寶的身上塗抹一種可體松軟膏。他還建議我們去研究一下是什麼原因造成濕疹。於是我就像所有的新手媽媽一樣，瘋狂調查起過敏原。搞了半天，結果發現寶寶起疹子是因為我們的洗衣精。我們用了一種標榜有機、天然的洗衣精，但那種產品裡摻了一種天然香精，會對過敏性肌膚造成刺激，而嬰兒的皮膚自然是非常敏感的。

輪到第二個寶寶出生後，「百分百天然有機」的美國品牌尿布讓他身上出現又痛又癢的嚴重紅疹，只有最高級的瑞典製環保紙尿褲（應該是以有機加公平貿易加永續農法種植出來的非基因改造香蕉葉為原料製成）才能解決問題。

兩個孩子的敏感性肌膚，教會我很多事情，包括我們在不知不覺的情況下，如何透過消費物品而失去對身體的掌控權。

逾千種在其他西方國家因為健康疑慮而被列為非法的化學物質，在美國都是合法的製造材料。但更令人震驚的是，美國並未立法要求本國企業公布在消費產品中所添加的所有化學成分。有項華盛頓大學的研究發現，許多消費者使用的物品都含有數百種未公開的化學物質與揮發性有機化合物（VOCs），根據美國環保署所公布的資料顯示，這些物質已知可能對健康有害、有毒或致癌。略舉數例就有青少年愛用的「維多利亞的祕密」乳液、大家都熟悉的洋基牌香氛蠟燭，以及很多人掛在汽車後照鏡的芳香聖誕樹吊飾。

## 內分泌干擾物：被操控的健康與荷爾蒙

許多化學物質都會干擾人體的內分泌──它們在人體內會像荷爾蒙一樣起作用，嚴重影響大腦功能、免疫系統和心理健康。然後，我們發現自己被診斷出焦慮或憂鬱症，然後又會利用其他化學物質去改善這些症狀，希望能藥到病除。

此外，這些內分泌干擾物還會影響荷爾蒙的正常分泌，所以我們也可能因此出現生殖方面的問題。如今不孕症的問題十分常見，受孕困難的夫妻高達百分之十二到十五。

事實上，某些有毒的產品會直接插進女性體內負責分泌荷爾蒙的區域，像是某些男性保險套內就有含量未經管制的有毒化學物質。

說到保險套，當年還是男朋友的我老公去巴黎第一次見我爸媽時，我們剛好用完保險套。嗯，懂的人就懂。總之，我們在諾曼鄉下的第一間雜貨店裡，我小聲地問我媽，這類東西得去哪兒買才有。我母親在驚嚇之餘，立馬跑去大聲喝斥我可憐的、尷尬的、有禮貌的、出身美國中西部小鎮的男朋友：「你怎麼能來法國，卻不帶一整箱保險套?!」

當然啦，畢竟是在法國，滿大街都是保險套的自動販賣機，只不過每一台都是壞的，（要不然就是賣光了沒補貨，因為是法國嘛！）我母親甚至還試圖破壞販賣機取貨。

走投無路的我們回到當地的店家求助。老闆立刻一通電話打給其他商家調貨。就這樣三兩下，全村都動員起來。最終他鬼鬼祟祟地塞給我媽一小盒他自己的藏貨，並小聲叮囑：「千萬別讓我老婆知道。」

那盒泛黃的保險套有著歲月的痕跡，搞不好是七〇年代的產品，盒上還有個Q版的保險套大漢邊笑邊跑，而且——雖然毫無疑問已經過了使用期限——應該會比現代產品少摻很多化學物質。（不過好消息是，只要你懂得怎麼找，現在可以買得到無毒的保險套。）

這年頭，連在小嬰兒的尿液裡都能檢驗出化學物質，因為他們穿的小睡衣、抱著的填充玩具，還有汽車專用座椅，裡頭都照例添加了阻燃劑。截至二〇二四年一月，嬌生同意為他們的經典商品嬰兒爽身粉，支付的和解金已高達美金七億，只求讓數萬起官司塵埃落定。據稱該產品含有石棉，會導致罹患卵巢癌與間皮瘤的風險。

諷刺的是，如今化學物質已經變成我們生活中很正常的一部分，甚至還將之當成寶。許多人都很喜歡衣服剛洗好或烘衣紙那種香香的味道，殊不知洗衣劑與烘衣紙上都含有已知的過敏原，什麼「寶寶適用」或「溫和無添加」的廣告詞真的是聽聽就好。

有一次，我跟寶寶在餐廳的吧台用餐，結果有位服務生就當著我們的面在櫃檯上噴著某牌標榜強效去污的玻璃清潔劑，身為「化學戰士」的我立刻把孩子抱開。服務生覺得我的反應莫名其妙，還一臉困惑地說道：「這樣擦完很香啊，而且又乾淨！」

看到了沒？我們已經被洗腦到，只要一聞到化學清潔劑的有毒香味，就會聯想到「乾淨」。所以結論是化學物質等於「乾淨」，而乾淨又等於「好」。

這絕不是我胡亂瞎掰的。心理學研究顯示，當你拿著上述某牌的玻璃清潔劑在房間裡噴啊噴時，受試者更有可能願意與人交談與分享，並且表現友善，自私自利的機率也會降低。這種現象背後的假說是，清潔劑的氣味會讓你聯想到「乾淨」，由此你的行為在潛意識裡也會連帶變「乾淨」。總結起來就是，在買車殺價或爭取加薪的時候，偶爾噴一點玻璃清潔劑，可能會增加談成的機率。不過長期來看，化學物質只會破壞肆虐你的身心，讓原本健康的你受到束縛，成為病懨懨的人。

## 被吃下肚的化學物質

當我的兩個兒子長大後，我開始意識到食品裡的化學添加物與糖的不良影響，不僅會體現在他們的濕疹與腸胃，更嚴重的是，也會影響他們的心理健康。

在某場生日派對上，我們那時才五歲的兒子被一片蛋糕改造成「科學怪兒」，因為他無法控制怒氣，大聲咆哮，還攻擊他尚在襁褓中的弟弟，然後連續尖叫了兩個小時，搞得連我那個當了十二年陸戰隊員，幾乎什麼都能忍的老公，都崩潰地掉下淚來。

至此，我們的兒子開始道歉，他自己也不明白為什麼這麼憤怒。「這不是你的錯。」我一邊對他這樣輕聲說道，一邊將他「抱緊處理」，同時任由食物誘發的壓力無情地在他發抖的小小身軀裡肆虐。（我會知道他抓狂是食物引起，是因為我先前就見過他有這樣的反應。）

美國目前共核准使用的九種食用色素，都存在毒性風險，至少毒物學研究人員是這麼說的。在歐洲，這當中許多的食用色素都禁用，或是必須標註「可能對孩童的活動力與注意力造成負面影響」，但它們在美國卻被廣泛使用，而且不僅用於糖果跟穀物，甚至連你想不到的番茄醬等產品也中鏢。

就以紅色三號的食用色素來說吧，它最上游的原料是石油。從一九九〇年起，紅色三號就已經被禁止用於化妝品了，但這種不能往臉上抹的東西，竟然很神奇地可以往嘴裡送。在美國，你長年都很容易在口香糖、糖果、糖霜，乃至於藥物與代餐等日常的食物或攝取物中吃到紅色三號。直到有二十個消費者團體聯名提出報告，加州政府才於近期對其下達禁令。紅色三號這種化學物質，可以導致動物與兒童都出現行為異常——仔細想想你會覺得很恐怖，美國竟然有百分之十的兒童被確診為注意力缺乏過動症（attention deficit hyperactivity disorder），也就是簡稱ＡＤＨＤ的過動症。

我看到許多跟我兒子同齡的孩子都在服藥控制行為問題——確切地說，全美有五百五十萬名二到八歲的孩子，都因為這件事在吃藥。（你沒有看錯，就是從兩歲開始！）那些家長以為是自己的孩子有問題，甚至還為此讓孩子在小小年紀就長時間服藥，但其實很可能問題真正的罪魁禍首，是被孩子吃下肚的那些化學添加物。

就算你很努力想要吃得健康一點，而不是像我大學室友那樣，連著三個禮拜都只吃垃圾食物跟比薩（她們最終都因為缺乏維生素C而罹患壞血病，不得不送急診），你還是有很大的機會在不知不覺中，吞下大量的化學物質，像是增味劑、防腐劑、色素、乳化劑、甜味劑，堪稱族繁不及備載。

你有沒有想過，那些聽起來對人畜無害的「天然香料」到底是什麼東西，怎麼會幾乎每一款包裝食品裡都有？事實上，這些天然香料是由動輒上百種原料所組成，包括味精與各種已知的致癌物。相較之下，正常的食物顯得淡而無味。

令人食指大動的「天然香料」無所不在，不然你以為為什麼連你買的茶葉都逃不過人工調味的魔爪——這就是你被束縛的原因：你忍不住對這些食物上癮，進而暴飲暴食。事實上，就連寵物吃的飼料都充滿香料，以至於明明是玉米粉做的乾糧，但你家的貓咪卻以為自己是在吃魚。

對羥基苯甲酸酯（parabens）是已知會致癌的防腐劑，卻經常出現在藥品中，包括嬰兒用藥也不例外。有三分之一的巧克力產品被檢測出含有大量的重金屬，即使嬰兒食品與藥品也是同樣的情況。重金屬在大腦中的累積，與自閉症、帕金森氏症、阿茲海默症、亨丁頓舞蹈症有關，而這些都還只是冰山一角。

要繼續深入探究，還有肉類與乳製品中的荷爾蒙、殺蟲劑可以拿出來談，但我知道繼續往下講大家心情都不會好，所以我就點到為止。而且食品安全也不是本書最大的重點，如果想知道更多，上網搜尋並非難事。我想說的是，如果擁有知識與覺察力，我們就能做出擁有身體主權的決定。

很關鍵的一點是，我們要留意外界傳遞的訊息，以及這些訊息對我們產生的影響。畢竟美國大型的農業公司每年花費超過一億五千萬美元去帶風向，影響消費者的選擇，食品業甚至會付費請網紅在社群媒體推廣自家的產品。

有一款由網紅在YouTube上宣傳的能量飲料——Prim，在屬於其目標族群的兒童之間非常受歡迎，但它咖啡因的含量對小孩來說極其危險（是可樂中咖啡因的六倍）。有些咖啡因產品甚至是鎖定才四歲的幼童。美國有多少家長明白，他們家的小小孩與小學生之所以會過動，就是因為喝了令孩子愛不釋手的汽水？又有多少家長知道，學者不建議十二歲以下的孩子攝取任何咖啡因，以免出現神經、心臟與睡眠問題？

但是啊，我們有時候就是寧可選擇無視，寧可掩耳盜鈴！人活著已經夠辛苦、夠複雜了，還想要改變自己的生活方式，感覺是天方夜譚。再說，我們對於食物有很深的情感依賴。有位醫療專業人員曾對我同事說，他可能對乳製品過敏，我同事知道這個消息後非常沮喪，在回家的路上不小心摔了一跤，腿部嚴重受傷，得去開刀，一連三個月都沒法走路。英文裡形容人受到的打擊太大，會好像腳突然不見了似地崩潰倒地，而在此例中，我的同事是真的因為一想到再也不能喝牛奶，就搞到自己的腳廢了三個月。人對於食物，就是這麼難以割捨。

## 健康是你的責任，不是藥廠的生意

人性就是喜歡怎麼容易怎麼來，怎麼好選怎麼來，不想離開舒適圈。所以我們寧可得到一個簡單的答案，或是一顆神奇的藥丸，以為只要找到特效藥，就不需要對自己負責。

就在我寫下這段話的同時，紅得發紫的減肥針就是這種心態的代表。傻子才去吃得健康跟有紀律地運動，我打一針不就完事了？

然而就在這樣的想法下，我們被束縛了，因為便宜行事會讓我們付出慘痛的代價，就像寧可當藥罐子，也不肯改變生活方式的JT。

當然啦，會有這種想法並不完全是我們的錯。大藥廠一年有三百億美元的預算花在行銷上，另外還有不下兩億五千萬美元的錢被拿去遊說國會。畢竟，藥物是一門還在不斷擴張的大生意：全美花在處方藥的金額在一九八〇年時是一百二十億美元，到了二〇〇〇年變成一千兩百二十億美元，二〇二一年更飆升至三千七百八十億美元。

維歐拉患有腎臟疾病。她因為吃藥產生嚴重的排斥反應，送醫後還差點沒命，於是她開始尋找其他辦法以確保腎臟的健康。她改吃以素食為主、對腎臟有益的低蛋白飲食，然後，她的囊腫變小，疼痛也消失了。X光檢查顯示，新的飲食讓她的病情有了空前的進步。

幾年前，我在耶魯醫學院結識一位研究維歐拉所患疾病的學者。我迫不及待地請教她對於這種飲食療法的看法，因為我已經親眼目睹這種做法對維歐拉的幫助有多大。而她的回答是：「幾十年前，確實有人研究飲食對於這種疾病的影響，但現在我們已經不做這種事了，主要是因為我們現在的研究資金都來自藥廠。」

藥廠一面補助醫學院，一面直接影響準醫師所受的訓練與學界的研究方向。你明白了嗎？維歐拉不管如何自立自強，如何奪回自主權，都只有她能受益，旁人完全無法從中多賺到一毛錢。

大藥廠不僅資助醫學院的研究工作，他們還經常一起參與研究，這顯然存在利益衝突。更糟糕的是，他們還會在幕後「代筆」撰寫研究結果。正如一篇以此為題的評論曾提到，難怪「只要哪家公司出錢給予研究贊助，哪家公司的產品就會獲得系統性偏見的支持。」

我並不是說藥物一定不是好東西，因為它們確實常是老天爺對我們大發慈悲的天賜之物。只要無腦地來顆泰諾（裡面含有普拿疼的有效成分乙醯胺酚），剛被外科醫師劃開肚子進行膽囊手術的我，就可以好像沒事一樣，完全不需要吃她建議我服用的更強效止痛藥。

另外，還有個親身經驗是，有一次我從（海拔零公尺的）上海飛到（海拔一萬兩千英尺）的西藏，卻沒有準備任何高山症的藥物，結果吐到死去活來。

我想說的是，有恃無恐地依賴藥物而不防患於未然，並不是主權在我的人該有的表現。

我在心理健康領域也觀察到類似的趨勢。現代人接收到大量關於治療心理健康藥物的資訊與廣告，卻鮮少看到有哪些簡便、低價，甚至免費，且經過實證研究、無副作用、也不會成癮的解決方案（我在本書中就分享了許多這樣的做法）。

你讓自己的身體受到束縛，對許多人而言卻是一門好生意。唯有你為自己的身體負起責任，掌控自己的人生，得利的就會是你自己。

## 身體權限升級

擁有身體的自主權，意味著你要真正尊重身體，這需要覺察力，以及另外一種主權技巧，那就是：勇氣。

那麼，該如何在身體上實現自主權呢？運動與休息顯然是送分的答案，也是你肯定聽過很多人說過的解方。但還有另一個核心關鍵，那就是——飲食。

## 「植物優先」的飲食方式

據傳，古希臘醫學之父希波克拉底曾說：「讓食物成為你的藥物。」如今，現代研究證實了這句話，尤其是「植物優先」（plant-forward）的飲食方式。以植物為主的飲食不是吃素，你還是可以想吃什麼就吃什麼，但是要給予植食——即蔬菜與水果——最高的權重。

## 多吃蔬果，快樂升級

英國華威大學（University of Warwick）的研究人員追蹤超過一萬兩千多名隨機挑選的受試者，結果發現如果飲食內容從零蔬果，轉變為一天攝取八份蔬果，這些人的情緒與生活滿意度都會提升，其爽度「相當於失業的人找到了工作」。即便在排除其他幸福誘發事件（如加薪或脫單）的影響後，幸福感仍會因為每天多攝取一份蔬果而逐步提升，這點至少在增加到八份之前都不會失效。因此，要是你不知道自己應該吃多少蔬果才好，建議每天可以攝取八份。

紐西蘭奧塔哥大學（University of Otago）的坦姆林．康納（Tamlin Conner）與卡洛琳．霍瓦斯（Caroline Horwath）博士請人們記錄自身的每日飲食與情緒變化，結果發現，蔬果攝取量越高的人，在當天與隔天就會越快樂。這顯示多吃蔬果與較低的心理壓力風險，彼此確實存在正向關係。

我們知道蔬果對身體健康至關要緊，但其實蔬果也是心理健康的良藥，只不過很多人都不知道。這是一個（目前）你不會從精神科醫師那裡聽到的建議——但以後就很難講了！研究學者正在推動將飲食納入精神治療的一環，因為研究顯示，健康的飲食有利於改善憂鬱症等疾病，這可能是因為高營養價值，有助於預防與心理健康問題相關的營養缺乏。

你可能會想，是喔？但有沒有可能這當中的因果關係正好顛倒了呢？會不會是快樂的人本來就愛吃水果呢？為了驗證這種說法，康納博士的團隊進行了一項後續研究，其中只有一組受試者獲得額外的蔬果，結果也唯有這組人的心理健康狀況有所改善。

這並非單一研究的結果。一項以「飲食干預對心理健康影響」為題的綜合分析（即彙集多項研究的報告）顯示，「攝取大量蔬果，尤其是莓果、柑橘、綠葉蔬菜等，可能會提升樂觀情緒與自我效能，同時減少心理壓力，並預防憂鬱症狀。」

攝取蔬果不僅有益心理健康，也有助於提升認知功能。多項研究發現，多吃蔬果可以延緩或防止與年齡相關的認知衰退。一項研究甚至顯示，蔬果攝取量的高低，最終會在一定程度上決定人在認知任務上的表現良窳，亦即只要你的蔬果吃得夠多，那麼不愛吃蔬果的健康成年人將不是你在認知表現上的對手。

此外，那些居住在「食物沙漠[1]」的居民，受限於環境條件，根本吃不到新鮮蔬果，就只能吃加工食品，也因此會影響身心健康。

1 food deserts，指健康食品及超市的數量很少，居民不易購買或負擔不起生鮮食物的地區，這些地方通常有許多便利的外賣店。

## 頂尖運動員的飲食之道

許多在四十歲後仍能保持巔峰狀態的運動員，都極力避免攝取不健康的食物、化學添加物、咖啡因、酒精，以及過量的動物性製品，因為唯有如此，他們才有望盡量延長自己的運動生涯。

湯姆．布雷迪（Tom Brady）堪稱是職業美式足球的傳奇人物。他在四十歲那年成為國家足球聯盟（NFL）裡最年長的球員，四十三歲成為超級盃（Super Bowl；NFL冠軍賽）史上最年長的最有價值球員，四十四歲成為職業盃（Pro Bowl；NFL的明星賽）史上最年長的四分衛。

他恪遵的養生之道包括：每晚九小時的睡眠、大量喝水、八成以植物為主的飲食，避免攝取乳製品、糖、麩質、精製碳水化合物、咖啡因、玉米跟大豆等基因改造食物、味精、反式脂肪、過度精緻的食品，以及加工肉品。

許多頂級運動員也都不吃肉，包括《運動畫刊》（*Sports Illustrated*）評選出的世紀最佳奧運選手卡爾．路易斯（Carl Lewis）、一流的超馬跑者史考特．朱瑞克（Scott

Jurek）、女網傳奇選手克里斯·艾芙特（Chris Evert）、美式足球明星瑞奇·威廉斯（Ricky Williams）、美國職棒強打者普林斯·菲爾德（Prince Fielder）、拳王凱斯·荷姆斯（Keith Holmes）、美國職籃NBA好手拉賈·貝爾（Raja Bell）與薩林姆·史陶德邁爾（Salim Stoudamire）。

## 排毒，從選擇開始

當我們改變飲食方式，選擇低化學添加物與植物掛帥的乾淨飲食，也會獲得另外一項驚喜，那就是我們將看到農漁業見風轉舵，開始用對地球更溫柔的做法去從事他們的行當。在你主宰自身的消費選擇，不再什麼東西都往身體裡亂塞，找回身體主權的同時，也可以出一份力去捍衛子孫的未來，並拯救生物多樣性。

事實上，已經有越來越多人意識到化學添加物對人體的危害，以確保健康的生態可以在地球上世代繁榮。像「環境工作組織」（Environmental Working Group）是美國無黨派的非營利組織，致力於提供對人體健康與地球友善的消費訊息。新創企業乃至於資深品牌，也已開始降低有毒原料的種類與用量，藉此開發出毒性更少的產品。越來越多的消費者正在覺醒，他們用購買行為「投票」，這就是為何你會看到那麼多品牌強調他們的商品不含塑化劑或是雙酚A。你買得到用有機原料（如：棉花、羊毛與蠶絲）製成的玩具與衣物，甚至連一些汽車座椅廠商也使用羊毛來取代傳統的化學阻燃劑。

在看到化學物質對孩子身心的影響之後，我對自己的生活方式進行了盤點與檢討。最終，我開始用椰子油為寶寶嬌嫩的屁屁保濕，給孩子吃以植物為主的原形食物。（預算有限者可以訂購外觀有瑕疵的有機食材、加入食品消費合作社、自己種菜，或與人共享菜園。）

我也開始改用醋、小蘇打清潔居家（雖然醋是我老公最不喜歡的味道，除非是加在卡布里沙拉上），這些化學產品的替代品不僅便宜、無毒，而且有效。我們夫妻倆都受夠了寶寶的濕疹與食物導致的小孩核爆，但我老公會在我打掃的日子去外頭透氣，反正有機會能外食他都會很開心。

對於習慣了市面上重口味、高糖分點心的我們（跟孩子們）而言，要改變飲食習慣，感覺像是不可能的任務——畢竟不乏學者宣稱，可能會導致注意力缺失症的糖，具有類似古柯鹼的成癮性。但好消息是，不少業者都已從善如流，在可口的零食與即食產品中停用化學添加物或精製糖。比起十年前，現在的我們真的不用太擔心沒有符合理念的產品可選。

說實話，即便在像我們這樣的「覺醒家庭」裡，生活習慣的改變都不是小工程。但一旦我更健康、更快樂，我兩個兒子也變得健康、充滿活力，那我們就都成了贏家。真正的自主權，就是做出對自己有益的選擇。

或許有些人會認為，這種潔淨飲食與低毒的生活風格太過極端，甚至對此反感，因為這讓人們質疑主流的生活方式。對此我完全能理解。在現代社會要這樣過生活，確實得付出更多努力，做出改變真的不容易。所以我的建議是，不用一次到位，先從小處著手，從自己能力所及的範圍開始。

但就跟所有事情一樣，我們沒有必要做過頭，人一不小心就會走火入魔。以我的叔叔為例，他對於屁屁的衛生有自己的堅持。出外旅行時，沒有像家中的免治馬桶可用，他只好在飯店的臉盆裡洗屁屁。怎麼洗？就坐在上面洗。問題是，我叔叔是個重達兩百四十磅，等於破百公斤的大漢。嗯，果不其然，洗手台垮了，連帶後面的整面牆也塌下來。他就這樣光著屁股陷進臉盆，被破水管噴出的水柱淋成落湯雞。所以說凡事還是要有分寸（只不過難忘的假期也算是一種收穫啦）。

## 自然療法——用天然的方式打開自癒力

要是你跟我的老公一樣，聽到「自然療法」就會聯想到只有糙米餅可吃的瑜伽靜修營，或在月光下圍著營火跳舞的巫術，那你可能會錯失一些真正有效的方法。

我在史丹佛跟耶魯醫學院擔任多年的研究科學家，對現代醫學除了尊敬還是尊敬。唯有件不得不提的事情是，西醫往往把重點放在健康問題發生後該如何介入跟解決，而傳統醫學（如中醫）則是尋求體內平衡，從一開始就未雨綢繆地預防問題發生，同時把慢性痼疾也整得服服貼貼。

許多知名的醫療機構，如第一流的梅約診所（Mayo Clinic）與杜克大學醫療中心（Duke University Medical Center）都已開始提供「整合醫學」（integrative medicine），其中梅約將其定義為：「一種包含非傳統醫療方式的健康照護，如針灸、按摩、瑜伽、食療、健康教練、靜坐冥想等。陸續都有研究證實這些療法有效且安全，它們常與主流醫學並用。」

## 針灸幫我「成功做人」

說一件十年前我還沒當媽時的往事。

那時我因為多年的壓力與緊繃，忽視應該需要好好休息與自我照顧的需求，結果把身體搞垮了。而我當時的未婚夫（現在的老公）因為人在軍中，所以壓力於他是家常便飯。我們就此成了一對很奇葩的結合：男女雙方的生活都嚴重失衡。

考量到我的青春不等人，而未婚夫又將被派駐海外長達一年，我們決定把他的宗教信仰拋諸腦後，開始於婚前嘗試「做人」。等到我們婚禮都辦完了，但我的肚皮卻還是沒有動靜時，我那種「我字典沒有什麼叫『做不到』」的A型人格，讓我說什麼也要趕緊想出辦法。

我的小姨子曾靠著針灸順利懷孕，所以我上Yelp這個幫餐廳等服務做評價的網站，找了一個口碑極佳的針灸師，據說南加州被他「把肚子搞大」的人不計其數。

候診時，我看見診間裡貼滿感激涕零的病人抱著他們寶寶的照片，顯然這些孩子都是針灸師幫父母實現願望所完成的「作品」。

當我全身插滿針之後，我問針灸師是否也會幫男性治療，結果答案是否定的，除非遇到極罕見的睪丸過熱的例子（是的，精子也會中暑）。

考量到我老公在熾熱的加州沙漠裡出操，而且一訓練就是好幾個禮拜，為了不讓有任何風險發生的可能性，我把他也拉去針灸。

在針灸的過程中，我老公僵直地躺在那兒，臉色越來越蒼白——尤其是當針灸師為了測試老公的睪丸溫度，用兩根手指托起他的「子孫袋」，把溫度計塞到下面時。

結果發現，原來除了我荷爾蒙失衡之外，我那位在沙漠出操的陸戰隊老公（他在整段療程都像啞巴，完全拒絕跟我有眼神接觸），也罕見地有著睪丸過熱的問題！更讓他傻眼的是，為了解決這個受孕危機，針灸師把針插進了他的鼠蹊部，然後——反正都開始了，為什麼不更進一步呢？還把針通上電流。

幾個月後，皇天不負苦心人的我終於懷孕了，我傳了陽性的驗孕棒照片給我駐外的老公，當然也在針灸師的Yelp頁面留下一條充滿感激的五星好評，讓他的助孕生涯又增添輝煌的一頁。

## 當西方醫學遇上阿育吠陀

產後陷入憂鬱的我，曾去看了一名同時精通神經學與阿育吠陀[2]的整合醫師。她建議我根據自身的生理狀態，選擇特定的精油進行自我按摩。從西方人的角度來看，所謂為自己按摩不就是「幫皮膚保濕」嗎？這樣怎麼可能有助於我的心理健康，又如何能改善我的失眠呢？但事實證明它就是可以，而且還非常可以到至今只要我有需要，都還是會用上這招。它簡單、便宜，可以自行操作，而且還不用擔心副作用。最重要的是，此舉讓我能自主掌握產後的心理健康問題。

雖然學界沒有大量的研究證明，並不代表傳統醫學沒有效果——那只是意味著其效果還沒有被徹底研究罷了。

2 Ayurveda，有數千年歷史的印度傳統醫學。

## 和大自然來場親密接觸

想擁有身體的自主權，一大祕訣就是回歸自然。

我們往往把大自然視為外在之物——偶爾去踏個青或露個幾天營還挺不錯的，但也就僅此而已了。相對於原住民以自然為尊的傳統文化，我們卻往往破壞自然、毀滅自然，一旦我們開始疏離大自然，也會無可避免地與自己分道揚鑣。

會導致這樣的後果，是因為我們忘記了我們自己也是自然的產物。我們出生時大約七磅重，之後累積的所有體重，都來自於自然的水和食物。事實上我們的身體髮膚，無一不是自然的一部分。既然如此，我們還不努力去維護自然，不是很奇怪嗎？畢竟維護自然，就是守護我們自己。

### 親近自然，是最被忽視的健康祕訣

正因為人也屬於自然，我們才會因為順應自然法則而受益良多，這包括我們應該根據晝夜節律與生理需求去休息、運動和攝取營養。

接觸大自然，也是培養身體、心理與情緒主權的強大方式，這點之所以沒有獲得足夠的討論聲量，只是因為大自然不同於架上的商品，它並未花錢請行銷人員做廣告宣傳。

一項針對逾四十萬人進行的研究顯示，每天在戶外多待一小時，你更有可能感到快樂，罹患憂鬱症或得服用抗憂鬱藥的機率也會下降。此外，你會比較不易疲憊，不易失眠，只因為你的晝夜節律會更趨於平衡。

另一項針對一萬六千名都會居民進行的研究發現，每週走訪自然環境（公園、湖泊等）三至四次，需要服用精神科藥物的機率會降低百分之三十三。然而，《失去山林的孩子：拯救「大自然缺失症」兒童》（*Last Child in the Woods*）；這書名是不是很讓人心驚！）的作者理查・洛夫（Richard Louv）表示，為「大自然缺失症」所苦的人，可不在少數。

## 大自然的健康處方箋

不計其數的研究點出了大自然對人類健康各式各樣的好處，我在此就略舉一二：

- 自然光有助於調節生理時鐘，並改善情緒健康。
- 即便你是具有抗藥性的重度憂鬱症患者，聽見鳥鳴或看到鳥兒的身影，都有利於心理健康，且效果可以延續數小時。事實上，僅聽鳥鳴的錄音檔，就足以舒緩焦慮、憂鬱與偏執。
- 每天與大自然接觸二十分鐘（任何能讓你感到與自然有所連結的活動都可以），這就像一顆「自然藥丸」，能讓服藥的你降低可體松（壓力荷爾蒙）的濃度。如果實在擠不出二十分鐘，那麼最低的有效劑量是十分鐘。但當然最推薦每週的劑量為兩小時，這樣的時間長度才能獲得較顯著的生理健康與幸福感。
- 芬蘭的研究人員建議每個月在自然中待五小時，以降低憂鬱、酗酒、自殺的風險。
- 南韓使用自然療法，治療患有創傷後壓力症候群的消防隊員。
- 美國與加拿大醫師可以開立自然療法的處方箋，幫助患者改善心理或生理健康。

接觸自然甚至有利於：

- 社交健康：身處大自然的時間，可以提升孩子的自尊，也能增進成人的合作精神。
- 腦部運作：自然的聲音（相較於都會的嘈雜聲）能改善注意力、記憶力與創造力等認知功能。
- 身體健康：接觸自然能強化人體的免疫系統，可以預防的疾病包括憂鬱症、糖尿病、注意力缺乏過動症、心血管疾病、癌症，而這還只是略舉幾例。

即使你的住處離自然環境再遠，還是可以找到一些與自然連結的方式，像是在桌上擺一盆植栽，在回家的路上觀察某棵樹。你還可以在戶外吃午餐，到街上邊打電話邊散步，或是在一天工作告一段落後，來場輕鬆的夜間漫步，當成給自己的獎賞。

## 你的身體，就是你的家

你對於尊重自我的掌控權（如第二章所言），並強烈到你願意為照顧身體負起責任嗎？

你願意體驗自己的情緒（如第三章所言），而不是透過上癮的行為來糟蹋身體嗎？

你願意放棄過去的創傷烙印（如第四章所言），停止把身體當成敵人嗎？

你願意跟身體建立一種能創造正能量的關係（如第五章所言），以促進你的身心健康嗎？

你願意跟隨直覺（見第六章），以身體需要的方式照顧它，即便這與社會的主流觀念背道而馳，或是不被他人理解？

如果你願意，那麼你就能擁有身體的自主權。

你的身體，是你一生中唯一的家。尊重它的需求是明智的。為什麼你不一勞永逸地下定決心，照顧好你居住的軀殼呢？

身體是我們的家底，我們的根，我們賴以立足的地基，請你務必要扎穩它、強化它，萬不可將之放水流，或是背叛它的信任。須知你能活在世上，都是因為身體在做牛做馬。

請你珍愛這台你靈魂的座駕，這副經過某股力量精心調校而成的意念容器。它對你忠誠，充滿感情，拚盡一切讓你活命。沒有這個基地，你就無處延續自己的生命。你之所以能感知這個世界、能與這個世界互動、能享受世界帶給你的各種樂趣，都得歸功於這副身軀。它對你馬首是瞻，所以你也要與之建立一種充滿感激、關懷與尊重的關係。

### 掌控身體的益處

- **改善身心健康**：透過減少生活中的毒素，並增加養生的好習慣，你會發現身心健康都將有所進步。
- **壓力降低**：當身體被好好照顧之後，會大幅減少我們在承受壓力時，情緒和想法影響我們的強度。
- **不再照單全收**：你會開始挑剔、挑剔、再挑剔食物與消費時的選擇，但變成「奧客」的你也會因此覺得神清氣爽。你外出用餐和採買物品或許會比以往來得複雜一點，但這點麻煩絕對值得。如果連你都不為自己跟家人的健康把關，還能指望誰呢？

- **愛上大自然**：你會開始懂得珍惜自然環境，乃至於當中的一草一木。

## 主導身體的行動計畫

### 一、做身體最好的朋友

擁有自主權，就是要學著愛惜你的身體，去照顧它、聽它說話，並與它的自然需求和諧相處，因為身體是你的恩人。它給了你生命！你與身體可以是一種相互尊重、互蒙其利的關係。

你要把身體好生供著，一有機會就讓它好好休息、不要讓它餓著、渴著，也不要讓它都不好好運動。還要盡可能找機會多接觸自然，這需要你使出關鍵的自主技巧：覺察力。傾聽你身體的需求，打開天線，隨時掌握你需要休息、運動、吃好、補水、出門曬太陽的訊息。

## 二、別讓壓力主宰你

生活中有許多難以避免的壓力來源，但不要覺得你得二十四小時都處於「衝衝衝」的狀態，那樣只是往自己身上堆疊更多壓力，給自己添麻煩。

不要再把咖啡當水喝，不要再對別人的要求都說「Ｙｅｓ」，不要再讓自己累得跟狗一樣。那種日子的終點站，就是精疲力竭。

即便你自認在職場上無法選擇讓自己輕鬆一點，但至少想想你回家後都把時間花在哪裡。你或許是個大忙人，但你每天應該至少還有半小時到一小時的時間可以留給自己，那你會做什麼呢？追劇？狂滑手機？還是拚命瀏覽社群媒體？做這些事真能恢復你的能量，讓你平靜，還是反而讓你更有壓力、更疲憊呢？試著換個角度思考你的選擇：「在我僅有的幾十分鐘空閒裡，這個行為是會讓我充滿能量，還是更疲累？」

就算你因為選擇優先照顧好自己，讓自己休息，而沒能完成正事，或是做得不夠完美，又或只能完成一件小事，那又如何？重點是你沒有把自己逼到崩潰，你過得很開心，這才是最重要的。

## 三、定期檢查能量狀態

關於如何善用自己的空閒時間，我已學會了盡可能當個聰明人。首先，我會確認自己的能量水平，如果油箱見底了，我會去做點能回復精神的事情：打個坐、洗個澡、瞇一下、翻本書、聽點有趣或鼓舞人心或有智慧的內容、去找家人朋友聊聊天。

如果我的電量夠飽，油箱是滿的，那我就會去處理工作，聯繫我知道需要幫忙或打氣的人，去從事一點創作，像是寫點對讀者有益的文章，或是替全家當一回素人烘焙王。

## 四、生活也需要排毒

考慮做些改變，挑選更安全的日用品與食物，減少吃下肚的化學添加物。這樣做可能會讓你覺得不知該從何處著手，（要調整的地方也太多了吧！）又或讓你感到渾身是勁。（我正在清理我的人生！）

從小地方逐步完成這件事，你就不會覺得難度那麼高了。不要想一步登天。我在這一章裡已經分享一些小祕訣，但你還可以上「環境工作組織」的官網（ewg.org），閱讀更多有價值的內容。

## 五、多吃植物性食物

現在各位應該已經知道我有多喜歡親自嘗試了吧！我對事情都抱持「眼見為憑」的態度，我鼓勵你也要這樣做。

當一個心存懷疑的科學家，不要輕信任何說法。你可以連續幾週多吃蔬果，並觀察你的身心變化。你也可以找些有趣的方式去做到這點，譬如喝果昔（Smoothies）、水果棒、現榨果汁，或嘗試一些全新的食譜。

## 六、親近大自然

多花點時間徜徉在自然裡，無論是健行，或是去公園散步。如果你無法做到，那就把自然帶進家中，種個花。研究顯示，每一次接觸大自然——就算只是把螢幕保護程式設為大自然的風景——都會對你的心理健康有所助益。

研究顯示，每天置身自然環境二十分鐘就能減少壓力，把這個當成你每日的目標。這樣，你一週就能在大自然中待上兩小時。

最後問問自己，你是否有像照顧孩子或家中毛孩一樣，細心尊重與照顧自己的身體？如果不是，那你可曾想過如果你能這樣做，結果會是如何？

## 順應大自然的節奏

你人生中聽到的第一個聲音，
是一種節奏，一種律動，一種持續跳動的節拍，
那是她的心跳。
在大自然的核心，
也有一種節奏，一種律動，一種持續跳動的節拍，
那是她的心跳。

四季更迭，月盈月虧，潮起潮落，風吹草動，植物生長。
光與暗，冷與暖，濕與乾，白晝與黑夜，
億萬雙腳步聲踏響大地。

血脈湧動，昆蟲嗡鳴，雨滴墜落。

億萬個生命迎來第一口氣息，
億萬個生命吐出最後一口氣息，
恆久的韻律擺動著，創造著平衡，完美的平衡。
這種大自然的節奏，萬物都予以尊重，也予以遵從，
就只有人類例外。

我們是如何一步步遠離自然的子宮，
以至於完全脫離她的韻律，
遠到幾乎聽不到自然的脈動。

此刻，感受你胸膛中心跳的韻律，
它每分每秒都在愛你，讓你能繼續存活。

尊重你的身體，珍惜你的生命，
回到原始的韻律中，繼續舞動吧！

# 結語

這本書的內容，最初如同一股電流湧向我，我感覺到一股能量與洞見的電流，它驅使我去寫這本書。但早在我提筆之前，我已感受到它的存在。

我希望你們的雷達也能感受到這股能量、喜悅、真理、勇氣，乃至於深刻的覺醒。或許那像是你想起了什麼，因為在你內心深處，你一直都知道自己擁有自主權。你生來就是自由的。

這本書也是一個邀請，一個讓你「回歸自我」的邀請。隨著你越來越尊重自己，你會發現你也更懂得尊重別人，也尊重整個世界——因為你會意識到我們大家都是一體，彼此緊密相連，沒有人可以自外於人類跟地球而存在。

再者，擁有主權本是理所當然的事情。與自身建立一種可以支撐起生命的關係，讓情緒自然流動，清理思緒，提升自己和他人，傾聽直覺，善待身體，這不都是常識來著嗎？

主權可以讓你的人生變得更加愜意，讓你的思維更加清晰，讓你的內心更加平靜。隨著你與自己的內在更加一致時，那種更有活力、更加完整、更獲療癒、更無缺憾的感受，也將慢慢進駐你的心裡。

但主權的內涵並不僅止於此。它會讓你觸及你的潛力。那個充滿無限可能性的領域，就是你自己。

重點是，你打算如何運用這股潛能？如果你願意，你可以選擇成為世界的一大助力，貢獻你獨有的天賦，像是你的智慧、技能、知識、個性、價值觀、幽默感，真正造福他人。

回顧過去二十年，我對於幸福與滿足的研究結果，可以總結成這樣一句話：活得最幸福、最健康、最長壽的那些人，既能慈悲待人，也慈悲待己。

愛你的人可以有千百萬之眾，那固然很好，但你生命中最大的滿足，還是源於「你去愛」的行為。我們許多人尋尋覓覓的愛，其實早就存在於我們內心——它正等待著被釋放。我們能體驗到至為深刻的愛，是你內心對於自己和對於他人的愛。

研究顯示，即便是看似微不足道的善舉，也能產生漣漪效應，影響及於「三度分隔」[1]外的人。例如，你在超市裡對收銀員說的一句暖心話語，會引發一連串的連鎖反應，最終讓善意傳遞到那位收銀員的兒子的老師那裡。一個人能夠產生的影響力，遠超過你的想像。你跟每個人一樣，都懷有無窮的潛力。

同時也別忘了，當你活出自主權時，不光是你個人受益，你同時也是在為他人樹立榜樣，他們也會心生「有為者亦若是」之情，想跟你一樣活得自由自在。如此，你光是活著，就是一種活招牌，就是在服務社會。

當然，人不可能天天都主權在握，你也會有身不由己，覺得疲憊、壓力、焦慮，甚至覺得老子（娘）就是慘得要死、氣得要死的時候。你徹底被困住，動彈不得。

但事實是，不論這天的你有多不好過，你內心仍有一部分是擁有自主權的。因為即便在那時，你已經培養的覺知仍靜靜地觀察著這一切，它正耐心地等待著你回歸自己的中心——那或許得耗時一個盹、一頓飯，或一個月的時間，但你終究做得到。因

1 Three degrees of separation，即朋友的朋友的朋友。

為一旦你覺醒了——把這本書讀到這裡的你，自然已是覺醒之人——你便不會再回到沉睡狀態。你已經醒來了。

找回主權人生，做自己的主人，是一趟你已然展開的旅程，也是一場你將繼續前行的冒險。只要你力行冥想，或從事我在書中提及可以培養主權的習慣，主權的那股能量就會繼續增長和活躍，你的覺察力也會不斷變強與擴展。

我鼓勵大家日後一有空，就複習每一章後面的「行動計畫」，讓自己在一次次累積的閱讀中，對內容有更深入的體悟。

現在，我在此舉杯，敬親愛的你（別擔心，杯中裝的是無酒精、無咖啡因，有益健康的主權飲品）。敬你的自由、敬你的幸福，敬你無限的潛力，也敬你成為這個世界的禮物。這點請永遠不要忘記。牢記你的主題曲，唱出你的生命之歌。

願你能成為自己的主人。

愛你的，

艾瑪

## 莫忘你與生俱來的王者之姿

你的力量遠大於你的想像，你的所知，以及你曾擁有的夢想。
但你把自己困在一個盒子裡，
被身分、恐懼、規則與規定、應該與不該、信念受限，
你把自己做小了。
就在這份渺小裡，你已忘記，徹底遺忘了。
就跟大象一樣，牠幼年曾被綁在一根木樁上。
但長大後的牠仍相信，
那弱不禁風的木樁，足以讓牠繼續被禁錮，無法掙脫。
很可笑，對吧？
一頭好幾噸重的大象，竟被一根小小的木樁束縛住了。

我們也是如此，遺忘了自己巨大的潛能與力量，強大與威嚴。
別再忘記那股力量。它就在你的血脈，你的靈魂，你的體內。
我們需要你，成為戰士、創作者、情人，以及成為你自己。
我們需要你，為我們引吭高唱你的歌。
唱給我們聽。唱吧！

作者簡介

## 艾瑪・賽佩拉　博士 Emma Seppälä, PH.D.

美國耶魯大學及哥倫比亞大學心理學系畢業，史丹佛大學心理學博士。現任史丹佛大學「慈悲與利他主義研究教育中心科學部主任」，教授「快樂心理學」，為該研究領域的先驅。

創設高人氣的新聞網站「實現日報」（Fulfillment Daily），並長期為《哈佛商業評論》、《今日心理學》與《赫芬頓郵報》等媒體撰文。

譯者簡介

## 鄭煥昇

在翻譯中修行，在故事裡旅行的譯者。賜教信箱：huansheng.cheng@gmail.com。

big 00455

# 重啟主權人生：6大思維，讓焦慮世代找回能量、平靜與自由

作　者—艾瑪．賽佩拉
譯　者—鄭煥昇
主　編—郭香君
企　劃—張瑋之
封面設計—FE工作室
內頁排版—新鑫電腦排版工作室

總編輯—胡金倫
董事長—趙政岷
出版者—時報文化出版企業股份有限公司
108019台北市和平西路三段二四〇號七樓
發行專線—（〇二）二三〇六—六八四二
讀者服務專線—〇八〇〇—二三一—七〇五
（〇二）二三〇四—七一〇三
讀者服務傳真—（〇二）二三〇四—六八五八
郵撥—一九三四四七二四時報文化出版公司
信箱—10899臺北華江橋郵局第九九信箱

時報悅讀網—http://www.readingtimes.com.tw
綠活線臉書—https://www.facebook.com/readingtimesgreenlife
法律顧問—理律法律事務所　陳長文律師、李念祖律師
印　刷—紘億印刷有限公司
初版一刷—二〇二五年五月十六日
定　價—新臺幣四八〇元


時報文化出版公司成立於一九七五年，
並於一九九九年股票上櫃公開發行，於二〇〇八年脫離中時集團非屬旺中，
以「尊重智慧與創意的文化事業」為信念。

重啟主權人生 : 6 大思維 , 讓焦慮世代找回能量、平靜與自由 / 艾瑪 · 賽佩拉 (Emma Seppälä) 著 ; 鄭煥昇 譯 . -- 初版 . -- 臺北市 : 時報文化出版企業股份有限公司 , 2025.05
面；　公分 . --（big ; DH00455）
譯自：Sovereign : reclaim your freedom, energy, and power in a time of distraction, uncertainty, and chaos.
ISBN 978-626-419-385-6（平裝）
1. CST: 自我實現　2. CST: 生活指導

177.2　　114003481



ISBN 978-626-419-385-6
Printed in Taiwan